Une pensée pour Mélanie,
la seule personne à avoir cru en moi
quand je n'étais rien.

Préface

Avec les années, j'ai appris

Que l'on ne gagne jamais dans la vie en étant quelqu'un que l'on n'est pas.

Que l'on ne réalise jamais ses rêves si l'on se contente de suivre le chemin qu'un autre a tracé pour soi.

Je dis toujours à mon fils :

« Sois pleinement qui tu es, sinon tu seras condamné à ne réaliser qu'une fraction de ton potentiel.

Si tu es différent, alors sois différent

Et sois fier de l'être !

Peu importe si ça ne plaît pas aux autres,

Ils ne sont pas faits pour toi.

Il y aura toujours plus beau, plus intelligent, plus fort, plus riche, plus jeune que toi, mais il n'y aura jamais un autre comme toi. Car tu es unique ! »

Anthony est de cette génération d'entrepreneurs connectés en permanence au réel.

Il ne se soucie pas du regard des autres. Et n'attache aucune importance au fameux « sérail » français.

Autodidacte, il a appris et adapté les codes du business contemporain pour devenir l'entrepreneur à succès que l'on connaît.

Impatient, agile et jamais rassasié, il a une soif d'apprendre, d'échanger et de partager sans limites. En quelques années, il a enfoncé en un temps record toutes les portes qui se trouvaient devant lui.

Tout comme moi, Anthony fait partie des 1 % de chefs d'entreprises français qui se sont faits tout seuls. Sans aide ni aucun soutien.

1 % en 2022, ce n'est pas normal.

Dans cette époque qui s'accélère et où l'enseignement scolaire est en décalage total avec le nouveau monde, le récit d'Anthony Bourbon est une bouffée d'oxygène et d'espoir pour celles et ceux issus de toutes les diversités qui veulent sortir du moule et réaliser leurs rêves.

Tapez le mot « résilience » sur Google, vous y verrez aussitôt apparaître le visage d'Anthony.

Arthur,
producteur, animateur

Prologue

J'aurais dû être contrôleur de train. C'était mon destin. On est cheminot de père en fils depuis tellement de générations dans ma famille que ça se transmet presque par les gènes. *A priori*, impossible d'y échapper.

À supposer que je me sois soumis à cette condition, j'aurais tellement souffert, qu'un jour, je me serais mis à taper sur mon fils. Ma femme, quant à elle, aurait été représentante de commerce, se serait usé la santé dans son boulot et aurait été malheureuse à la maison. Parce que recevoir des assiettes en pleine tête le soir quand on rentre du travail, ce n'est pas la vie dont on rêve en se mariant.

Vous l'aurez compris, c'est de mes parents dont je parle. Le gosse qui s'est pris des roustes, c'est moi.

Jeune, je ne m'en rendais pas compte, mais quand on est pauvre, matériellement, intellectuellement, culturellement, on arrive d'autant moins à s'en sortir. La plupart du temps, on ne l'envisage même pas. On n'a pas d'ambition, pas de but dans la vie. À part peut-être la soumission. C'est presque un automatisme. Vous êtes l'inférieur, vous obéissez, il y aura toujours quelqu'un au-dessus de vous : la verticalité. Inéluctable. Insurmontable. Mais comme ça pèse, cette hiérarchie et la misère sociale qui va avec, on se venge sur ceux qui sont encore plus faibles que nous. Nos enfants, par exemple. Et si par hasard la chance nous sourit, on fait en sorte de la gâcher. C'est plus fort que nous. Il faut moisir dans sa condition. Surtout ne pas s'élever.

Dans ma famille, on vivait en vase clos. À l'exception du frère de mon père qui nous rendait visite deux fois par an, absolument personne ne venait chez nous. Le soir, c'était le JT de 20 heures que mes parents absorbaient comme une drogue. Sans réfléchir. C'était ça, notre fenêtre sur le monde. Une bande-annonce sordide d'une société qui s'effondrait, entre politiques menteurs, patrons voleurs, faits divers écœurants et causeries sans intérêt. Je me rendais bien compte que quelque chose n'allait pas. Il me fallait un électrochoc. Je l'ai eu.

Très jeune, je me suis retrouvé à la rue. Foutu dehors. C'était le début de ma nouvelle vie.

La rue, la galère, les poches trouées avec votre dernier billet de banque à l'intérieur, la faim, tout ça m'a fait comprendre très rapidement que je ne pourrais compter que sur moi. Vous pouvez me croire, c'est mieux que le JT. C'est d'une violence inouïe, mais au moins, ça vous sort de la passivité. Ça vous secoue, ça vous met dans l'action. C'est certain, il faut du temps pour donner du sens à ce qui, à première vue, ressemble à une énorme injustice, une de plus. Parce qu'au départ c'est normal, on prend ce genre d'épreuve comme un échec. Personne n'est préparé à se retrouver seul dans ces circonstances. Être à la rue, ce n'est pas uniquement ne plus avoir de toit. C'est ne plus rien avoir. L'expérience ultime de la solitude, de l'humiliation, de la fragilité. La haine vous consume, vous dirige. Elle vous aveugle, vous fait faire les mauvais choix. Vous voulez vous venger tout de suite, alors que la véritable revanche demande des années et beaucoup de patience.

Si Dieu existe, Il m'avait vraiment donné les pires cartes possible. Pas d'argent, aucun contact, rien. Mais malgré tout, je pouvais jouer.

Je bluffais, je prenais des risques absurdes, j'échouais, beaucoup, mais je sentais que je pouvais finir par emporter la partie. Et puis, quand vous êtes une sorte d'animal fou qui vient de s'échapper du zoo, vous avez de l'énergie à revendre. Une vendetta à mener. Le tout, c'est de croire en soi. Se dépasser. Sans cesse. Ne jamais perdre espoir. Se projeter.

Pour commencer, il faut canaliser l'énergie et les émotions qui débordent. C'est important de s'éloigner des personnes à problèmes, pathogènes, et de s'entourer de gens qui vous tirent vers le haut. Moi, ça a été Mélanie, ma sœur de cœur, ma partenaire de vie. Mélanie, je l'ai connue dans la galère, à vingt ans, quand je n'avais rien, que je n'étais personne. Mais pour la première fois de ma vie, quelqu'un me regardait avec bienveillance et croyait en moi. Elle était convaincue que je pouvais faire de grandes choses, que je pouvais changer le monde, changer mon monde. Ce soutien inattendu, presque irrationnel, a bouleversé mon existence. Mélanie raconte parfois que j'étais un diamant brut mal taillé et recouvert de poussière. Il fallait simplement que quelqu'un le ramasse et le fasse briller.

Le parcours a été long : cinq ans pour changer, me réadapter, reprendre confiance. J'ai finalement trouvé le bon état d'esprit – ce que j'appelle le *mindset*, ce qui vous anime, ce qui vous fait avancer –, c'est essentiel. Ça vous permet d'oser croire en vous, de décomposer vos rêves en étapes, de les matérialiser par l'acharnement, l'obsession positive, et finalement d'atteindre vos objectifs. Quand je parle d'« objectifs », je ne parle pas de matériel mais bien de sens. Le pourquoi de notre présence sur terre. Le fameux *Why*. Ce que nous allons faire de notre vie. Plus encore, ce à quoi nous allons la dédier, ce qui fait de nous plus qu'une simple enveloppe corporelle. Le *Why*, ce n'est donc pas une Ferrari ni une Rolex, c'est le « pourquoi je vis ». À vingt ans, on a rarement trouvé la réponse. Mais on peut déjà apprendre à se découvrir, s'écouter, sourire à tout ce qui nous arrive… y compris aux pires situations. Plus on galère, mieux on est équipé pour tout surmonter par la suite. La misère, quelle qu'elle soit – sentimentale, financière, familiale – vous prépare à prendre des coups. Et réussir, c'est ça, c'est prendre des coups. C'est un combat de boxe avec les autres, et, pire encore, avec vous-même.

J'ai toujours gardé cet adage en tête : « Le loup ne court jamais le ventre plein. » Seulement, quand vous venez d'en bas, on vous a appris à douter de vous. Pourtant, et j'en suis la preuve, pas besoin de sortir d'HEC, de l'ESSEC ni de l'ESCP pour réussir. Jamais je n'ai poussé la porte d'une grande école, sauf, et c'est paradoxal, pour y donner des conférences. Je pourrais vivre dans un deux cents mètres carrés parisien comme un gosse de riche, mais je suis bien plus heureux dans mon cinquante mètres carrés à peine meublé. Je trouve mon confort dans l'inconfort, mon bonheur dans la simplicité. Mode de vie ascétique, avec le strict minimum. Ça me permet de rester connecté au vrai monde, de travailler et de me souvenir d'où je viens : la rue ! Quand on a connu le manque, on est capable de se priver de tout pour ne manquer de rien. Alors, on est invincible. Aucune dépendance. Et surtout pas à l'argent. On est libre.

Je ne suis pas devenu start-upeur par vocation, par envie, grâce à ma famille ou à un réseau influent, mais uniquement avec ma fureur de vaincre, de changer les choses, de réécrire mon destin. C'est simple : je suis toujours à 200 %. Puissance maximum.

Aujourd'hui, j'ai investi dans plus de quarante start-up. Ces projets sont très majoritairement portés par des jeunes qui, comme moi, ne sont pas des héritiers : ils sont mal nés, n'ont pas reçu d'argent ni de codes sociaux à la naissance. Ce qu'on leur a transmis, c'est ce réflexe de rester tout en bas de l'échelle. Sauf que, comme moi, ils veulent s'extraire de leur condition initiale. Et ils comprennent une règle essentielle : éviter la victimisation, qui conforte, rassure, mais ne sauve jamais. Se considérer comme une victime, c'est creuser sa tombe.

N'importe qui peut réussir. La condition, c'est de mettre sa rage au service de la créativité et de se nourrir des valeurs essentielles que sont le travail, la passion, l'ambition, la détermination, la résilience. Alors, des chemins s'ouvrent en vous, en dehors des voies classiques. Il faut les trouver, les défricher, pour soi et pour ceux qui suivront. Il faut se battre deux fois plus, n'avoir peur de rien, honte de rien. Et surtout pas de l'échec, souvent violent, néanmoins nécessaire. Après, plus rien ne vous arrête. Vous êtes un bulldozer. Et tout ce qui se met en travers de votre route vous apporte de l'énergie et vous rapproche de votre promesse de vie.

Qu'est-ce que je fais ici ? Quel est mon talent ? Quelle est ma passion ? Quel est mon moteur ? Quels sont mes rêves ? À quel point ai-je envie de les réaliser ? Comment réussir à me dépasser ? Le sens de notre vie se dévoile étape par étape et surtout au travers de nos déconvenues. J'ai eu la chance de générer beaucoup d'argent. Mais derrière la richesse, Feed. et mes investissements, il y a autre chose : une philosophie de vie liée au dépassement de soi. L'argent n'est pas une finalité mais une conséquence. Un moyen d'accomplir un objectif plus noble, et plus élevé.

Vous vous demandez quel est mon *Why* ? Changer le monde. Déclencher une révolution. Rendre le pouvoir au peuple. Secouer ce système vertical, élitiste et consanguin, fondé sur l'héritage et la cooptation. Permettre l'extraction sociale. Offrir la possibilité de faire mentir son destin. Mettre la méritocratie au cœur de la société.

Parce que tous, chaque femme, chaque homme, nous avons un potentiel insoupçonné. Une réserve de puissance inouïe.

Ensemble, nous allons forcer votre destin !

– 1 –

Objectif Lune

Le monde, votre vie sont des territoires à explorer.

Panorama

C'est l'histoire d'un homme qui ne sort pas d'HEC. Et qui vient d'en bas. Résultat ? À seulement trente ans, il a des millions sur ses comptes, une société qui a levé 40 millions d'euros, des immeubles, des participations dans des dizaines d'entreprises, plusieurs avocats et des gestionnaires de fortune qui travaillent pour lui. Cet homme, c'est moi. La seule chose dont je suis fier, c'est de pouvoir être une preuve par l'exemple. De montrer que c'est possible. Je ne tire aucune gloire de l'argent, qui est une conséquence et non une finalité. Oubliez les Ferrari, les Rolex. Le moteur, c'est la passion, et non le désir d'impressionner les autres. Personnellement, j'ai préféré investir dans plus de quarante start-up. Elles génèrent du rêve, écrivent des histoires, créent de la richesse nationale, des emplois… et puis, elles nous projettent dans l'avenir.

Je suis investisseur dans la nutrition, la finance, l'assurance, la beauté, le sport, la mode, les produits ménagers, des sociétés B2B, le design d'intérieur, la *petfood*… mais aussi dans l'immobilier, la blockchain*, les jeux vidéo, la biotech… Malgré tout, mon projet principal, c'est Feed., la start-up que j'ai lancée en 2017. En deux mots, c'est de la nutrition pour tous les moments de la journée (barres petit déjeuner, barres repas, barres protéines, barres énergie, barres immunité…).

Clairement, si quelqu'un m'avait dit ça quand je vivais sous les ponts, j'aurais eu du mal à y croire. Quoique. J'aurais sûrement répondu : « Pourquoi pas ? Pourquoi pas moi ? »

Aujourd'hui, Feed. est une marque forte distribuée dans cinq mille points de vente. Entre ceux qui travaillent pour ou avec Feed., nous avons déjà employé près de trois cents personnes. Dont cent recrutées directement. Des jeunes majoritairement. Ils ne sortent pas de grandes écoles. Leurs parents ne sont pas P-DG. Mais comme moi, ils ont envie de changer le monde.

Feed., une success-story à l'américaine ?

Pas exactement, non.

Avant Feed., j'ai testé toutes sortes de métiers, l'immobilier, le *trading*, le commerce de montres ou de voitures. Même à la rue, je poursuivais mes études de droit.

En 2016, je travaille beaucoup, voyage et ne trouve jamais le temps de bien manger. Je saute des repas, je me contente de club-sandwichs trop gras avec du soda trop sucré. Au bout d'un moment, je me sens comme vidé. Mon énergie s'étiole alors que mes activités m'imposent d'être au pic de ma forme. Je me dis que je ne dois sûrement pas être le seul dans cette situation. J'ai tellement de rêves à réaliser qu'il faut que je m'en donne les moyens physiques. Je réfléchis. Il faudrait trouver un truc, quelque chose simple qui m'apporte tout ce dont j'ai besoin dans un format pratique. Je me lance donc ce défi, je me passionne pour la nutrition, je lis tout sur ce sujet. Mes trouvailles finissent dans un fichier Excel avec lequel je cherche la formule magique, l'équilibre idéal pour un humain. Je tente des centaines et des centaines de combinaisons, je joue avec toutes les matières premières possibles et imaginables… pour en revenir à des basiques : flocons d'avoine, graines de sarrasin, farine de lin, pois, amandes… et je complète avec des vitamines, pour que la formule soit parfaite.

Sur le papier, ça marche. Je fais des essais. Je fabrique des barres… comestibles (j'ai déjà motivé quelques experts, des visionnaires qui se sont joints à cette drôle d'aventure). Au début, évidemment, ce n'est pas bon. Tant mieux ! Ça veut dire qu'il nous reste une énorme marge de progression. Et si ce n'est pas formidable au niveau du goût, au moins je n'ai plus faim après avoir mangé ma barre. Et je déborde d'énergie. J'ai trouvé le bon carburant. Il n'y a plus qu'à améliorer la recette.

Avec les experts fous, motivés, déterminés et totalement rêveurs à mes côtés, j'optimise les formulations. En même temps, je communique autour de cette expérience. Je sais que pour que ça marche il faut qu'on en parle.

Et très vite, ça fait du bruit. Proposer des barres repas au pays de la gastronomie ne passe pas inaperçu, les esprits s'échauffent. Mes amis en consomment, en parlent autour d'eux. Quant à moi, je raconte mon histoire sur les réseaux sociaux, à la télé, et suscite l'intérêt. Tout confirme mon intuition : la *foodtech* est un sujet clivant, mais avec de l'avenir.

De nouveau, je m'informe, je lis, j'écoute, je dévore tout ce qui touche à la problématique. Quand on se met sur une verticale, il faut en devenir un expert. Absorber toutes les informations disponibles. Faire l'éponge !

Et des experts, il en faut de plus en plus dans mon équipe. Pour continuer mon aventure, j'ai donc besoin d'argent. Mais de beaucoup, beaucoup d'argent.

Pas facile sans réseau. Mon père n'est pas millionnaire, CEO ni *business angel** comme la majorité des fondateurs parisiens, qui sortent de grandes écoles avec leurs propres incubateurs et fonds d'investissement.

Mais je ne suis pas seul. J'ai Mélanie. J'ai mon équipe. J'ai la rage. J'ai envie de réussir. J'ai l'énergie. Et j'ai confiance en moi.

Pourtant, souvent, quand on est né tout en bas de l'échelle sociale, on peut avoir le complexe du banlieusard. Une attitude négative. Un moment où on peut être tenté de renoncer. Où on va se rappeler ses origines et se dire : « Ce n'est pas pour moi. Je n'y arriverai pas. C'est trop gros. » Les pauvres ne comprennent même pas qu'il est possible de s'extraire de leur condition initiale. Aldous Huxley le disait très bien : « La dictature parfaite aura l'apparence de la démocratie, une prison sans murs dans laquelle les prisonniers ne rêveront jamais de fuir. Un système d'esclavage, où grâce à la consommation et au plaisir, les esclaves vont adorer leur condition[1]. »

Au début, je n'ai aucun contact dans le monde des start-up. Pas de capital de départ hérité de mes parents. Pas non plus de *love money* (quand votre cercle proche vous apporte un soutien financier). Rien. Cela ne m'arrête

1. Aldous Huxley, *Le Meilleur des mondes*, 1932.

pas, j'envoie des centaines de mails pour expliquer mon projet. Journalistes, influenceurs, investisseurs, chercheurs, distributeurs, groupes industriels… Très peu de réponses. Mais à force d'insister, DigitalFoodLab, une agence de conseil en nutrition, me propose de venir *pitcher* le lendemain à Paris pour un événement. Je suis à l'étranger, mais je sens qu'il faut saisir cette chance. Oui, ça arrive d'avoir de la chance, à condition de la créer, la forcer. Le plus compliqué reste souvent de la saisir.

Je décale donc mes billets. Le pitch, c'est du théâtre. Il s'agit de convaincre en quelques *punchlines* de l'intérêt vital de son produit ; le but est de captiver les personnes en face pour qu'elles se disent : « Vraiment, on ne peut pas laisser passer une affaire pareille ! » On doit démontrer qu'il y a un véritable problème à régler et une solution intelligente à proposer, pas uniquement pour soi mais pour la société. Je mets une belle énergie dans mon pitch et un investisseur présent dans la salle vient me voir après la présentation. Il me dit *adorer* cette détermination. C'est vrai, j'ai tout donné. C'est important d'être toujours au maximum de ses capacités. Pour ne jamais avoir de regret. Mettre toute sa conviction au service de son idée. Parfait, l'investisseur est prêt à se lancer dans l'aventure. On se revoit. Je rencontre ses amis business angels lors de trois rendez-vous. 500 000 euros arrivent dans les caisses de Feed., qui explose. La croissance est telle que dans les mois qui suivent je lève 3 millions avec un fonds d'investissement. Puis 15 millions avec un autre en quelques mois. Et encore 15 millions l'année suivante. Elle est loin l'époque où j'économisais pendant des jours pour m'autoriser un kebab à 3,50 euros ! Pourtant, ces moments sont toujours dans un coin de ma tête, et je garde mes réflexes d'ancien pauvre. Pas de dépense futile. Toujours respecter l'argent.

Évidemment, le succès dérange. Feed. sert de prétexte à un tollé général. Pour qui se prend-il, ce provincial sorti de nulle part, qui n'a jamais été dans une école de commerce, ni même dans un incubateur, et entend bouleverser les traditions culinaires françaises et lever des dizaines de millions ? Mes détracteurs ne comprennent rien : je ne cherche pas à détruire la gastronomie. Feed. propose une solution alternative à ceux qui, de toute façon, n'ont ni le temps ni les moyens de se préparer de bons petits plats tous les midis. « Toute innovation passe par trois stades. Elle est d'abord ridiculisée, puis violemment combattue, avant d'être considérée comme ayant toujours été évidente » – Arthur Schopenhauer. Les exemples ne manquent pas : le smartphone, le surgelé, la voiture, le micro-ondes, louer son appart à des inconnus (Airbnb)…

Autour de Feed., la rumeur gonfle. *Bad buzz*. Ce qui est très positif pour la marque, car que ce soit en bien ou en mal, l'essentiel est qu'on parle de vous. Surtout au début de l'aventure, à un moment où la marque doit réussir à générer de la notoriété organique. Un sujet clivant peut vite devenir un tremplin. L'idée de Feed. n'a jamais été d'opposer l'alimentation traditionnelle et la *smart food**, mais plutôt de les associer, dans une vision globale de nutrition équilibrée : on ne mange pas les mêmes choses au même moment. Feed. n'a évidemment pas vocation à tout remplacer, notamment ces moments de plaisir partagés en famille, en couple ou entre amis. Mais il y a un temps pour tout, un pour s'asseoir autour d'une table d'un restaurant étoilé, un autre pour parer au plus pressé lorsque l'on est en déplacement, dans une salle de sport, voire au travail à l'heure du déjeuner. Dans le feu de l'action, c'est quand même pratique d'avoir un Feed. dans sa boîte à gants ou dans son tiroir plutôt qu'un kebab bien gras et dégoulinant.

Les *haters* se calment, et ceux qui nous critiquaient au début nous proposent des partenariats rémunérés. Donnez assez aux influenceurs et ils vendront de faux livres, sans pages, juste pour la déco, et des lumières censées vous blanchir les dents (histoires vraies).

En parallèle, Feed. réalise plus de 10 millions de chiffre d'affaires dès la troisième année.

Mais ce n'est pas le plus important. La clé, pour toujours se dépasser, c'est d'apprécier le *process*, le voyage. Devenir le meilleur de son domaine. Adorer apprendre. Être une éponge, souvenez-vous. Une éponge qui rêve très grand.

Maîtriser sa verticale… et oser être ambitieux

À une époque de ma vie, j'achetais des montres pour les revendre. Je les avais étudiées pour comprendre comment elles fonctionnaient. Et je l'ai su, très précisément. Je connaissais par cœur le mécanisme horloger des Rolex gamme pro, des Audemars Piguet Royal Oak Extra Thin, des Patek Philippe Nautilus. *Idem* pour les voitures, quand j'en ai fait le commerce, *idem* pour les start-up dans lesquelles j'ai investi. *Idem* quand je rentre dans la blockchain. J'ai tout dévoré sur ce sujet et les cryptomonnaies. J'y ai gagné beaucoup d'argent, perdu des sommes indécentes, mais surtout j'ai appris, et ma soif de connaissances continue de grandir. Maîtriser sa verticale à la perfection est une des clés de la réussite. Vous saurez réagir rapidement, votre passion vous portera, les gens penseront à vous. Ma chance, c'est d'être passionné par un tas de choses différentes.

Quand je parle de « verticale », cela ne renvoie pas nécessairement au business. Le business est mon domaine, le vôtre peut être l'écologie, l'art, le sport, la psychologie… L'idée, c'est d'exceller dans le secteur qu'on s'est choisi. Créer de la valeur à l'aide de sa passion.

Vous vous dites peut-être que cela n'est pas pour vous, la réussite s'apparentant à une montagne infranchissable, que seule une élite déjà au sommet pourrait atteindre. Vous vous trompez. Accepter d'être une victime, c'est ouvrir la porte de son tombeau. Ça paraît simpliste, mais il faut bien garder cela en tête : si vous ne prenez pas votre destin en main, d'autres s'en chargeront et façonneront votre soumission.

Vous connaissez *Calimero*, le dessin animé qui a eu son heure de gloire au siècle dernier ? Ce poussin noir très mignon qui passe son temps à se plaindre : « C'est vraiment trop injuste… »

Calimero se voit comme une victime du destin qui conspire contre lui. Bien sûr, quand on naît sans argent, sans culture et sans codes sociaux, on peut se sentir démuni. Mais cela n'empêche pas de croire en ses rêves même si la route peut ressembler à un parcours d'obstacles. Vous y croiserez sans doute des fossoyeurs de rêves. Ceux qui ne croient en rien et ne vivent que pour démotiver les autres. Passez votre chemin. Ne tentez pas de les convaincre, nourrissez-vous de leur défiance, embrassez vos échecs et prenez confiance en vous. Votre ambition ? Viser la lune ! Bien sûr, il y a peu de chances de l'atteindre. Mais vous aurez mis la barre si haut que vous arriverez à quelque chose. Mieux vaut avoir envie de devenir Bernard Tapie, petit rat de l'Opéra, spéléologue ou réalisateur de films que d'absorber passivement les images du JT de 20 heures. Aussi n'ayez pas honte d'avoir de l'ambition. C'est une question de survie. Car l'ambition est un des secrets de la réussite : rêver, oser aller au bout, même si cela semble irréalisable. « Impossible » ne fait pas partie de votre vocabulaire. Vous direz plutôt « quasiment inconcevable ». C'est dans le « quasi » que vous trouverez la brèche où vous engouffrer pour déclencher des miracles. Il faut y croire comme au Père Noël. Enfants, nous avons tous la faculté de nous émerveiller. Ce n'est pas parce que le Père Noël n'existe pas et que la société est gangrenée qu'il faut la perdre. Le monde, votre vie sont des territoires à explorer.

Je préfère de loin la figure inspirante de Sangoku dans *Dragon Ball Z*, qui consacre sa vie à s'entraîner pour s'améliorer. Il est heureux quand un adversaire plus fort que lui se présente. Il n'est pas dans la jalousie. Au contraire, c'est un nouveau défi qui le pousse à se surpasser. Il reste concentré sur sa vie, sur le cap qu'il s'est fixé et qu'il a lui-même établi.

Quand j'étais gamin, je voulais faire de grandes choses, du business, notamment. Pour cela, j'essuyais bon nombre d'insultes, mais le petit « con de capitaliste » n'en démordait pas. « Anthony, pourquoi tu ne veux pas être cheminot comme ton père, alors que c'est une garantie totale de sécurité ? Tu n'as pas honte ? »

Même quand j'étais à la rue, je croyais, je savais qu'un jour je serais riche. Pas forcément en termes d'argent. Mais j'avais l'intime conviction que je serais épanoui, que je réussirais. Ma famille me reprochait cette obsession. Ils avaient mis au monde un fils unique pour qu'il se satisfasse de sa condition. Pas question de prendre l'ascenseur social, non, et de trahir sa classe sociale. De devenir un transfuge. La classe, c'est presque une race. Un stigmate.

Quand je suis monté dans l'ascenseur, je n'étais même pas au rez-de-chaussée, mais au troisième sous-sol. Rien pourtant n'aurait pu m'empêcher d'appuyer sur le bouton du dernier étage, et de grimper tout en haut du gratte-ciel. Personne, pas même ma famille. L'ascenseur ne marche pas ? Il marche mal ? Et alors ? Prenez l'escalier de secours ! Est-ce que vous ne le méritez pas autant, sinon plus, que ceux qui sont nés tout en haut de la tour, avec une belle terrasse ?

Je rencontre souvent des jeunes qui, sous l'influence de leurs parents, se contentent (au mieux) d'un rez-de-chaussée, parce que c'est déjà mieux que le – 1 où ils sont nés. Certains nous disent, pendant des entretiens d'embauche, « j'aimerais me lancer mais mes parents me conseillent de m'engager à la Poste ». Je me rappelle une jeune femme de vingt-cinq ans, très motivée, ambitieuse, avec un bel état d'esprit, bref, parfaite. Elle avait vraiment envie de tout donner, et de se propulser. On lui propose de nous rejoindre chez Feed. Elle repart ravie, avec ce sentiment grisant d'avoir trouvé le bon chemin, celui qui vous amène, petit à petit, à prendre conscience de votre véritable potentiel. C'est excitant, mais c'est aussi vertigineux : *je suis en route vers un accomplissement que j'ai choisi toute seule.* Avoir de l'ambition, c'est en effet accepter une grosse responsabilité. Après avoir été sous la dépendance de quelqu'un, vous vous réveillez un matin totalement libre. Plus personne ne décide pour vous. Il va falloir assumer.

Le lendemain matin, justement, elle m'appelle pour me dire que ses parents pensent que l'idée n'est pas bonne. Selon eux, une start-up, c'est trop risqué. Mais quand doit-on les prendre, ces risques, si on ne le fait pas à vingt-cinq ans ? Et jusqu'à quand faut-il obéir à des parents qui – souvent sans s'en rendre compte – vous empêchent de vous épanouir et de vivre vos expériences parce qu'ils vous surprotègent ? Avoir de l'ambition, c'est être un cow-boy, une cow-girl – au passage, je souligne que 60 % des employés de Feed. sont des femmes, que je trouve souvent bien plus courageuses que les hommes. Quand on part à la conquête de l'Ouest, il faut s'affranchir de ses attaches et de ses peurs.

Avant même que vous ayez commencé, on vous dira que c'est impossible. Réussissez, et vous serez jugé. Foncez quand même. Et prenez votre revanche !

« Impose ta chance, serre ton bonheur et va vers ton risque. À te regarder ils s'habitueront » – René Char.

Ne pas perdre le fil… rouge

Le fil rouge, c'est le rêve à long terme. Le Why. Mais pour réussir à atteindre cet objectif final, il faut progresser en plusieurs étapes. Sans précipitation, sans comparaison ni esprit de compétition. Chacun prend le temps nécessaire. Le vrai plaisir, on ne le trouve pas en réalisant l'objectif, mais dans le process !

Mon objectif final, mon fil rouge, je l'ai trouvé assez jeune, grâce à l'adversité (la rue fait grandir très vite…). Il tient en une phrase : « Mettre la méritocratie au cœur de la société. » On pourrait aussi le résumer en un seul mot : « révolution ».

Très jeune déjà, je veux changer le monde. Faire la révolution. J'aime bien changer les choses partout où je passe. Chez moi, ne pas devenir cheminot était une révolution en soi. Une micro-révolution, mais une révolution quand même. Dans ma famille, on a toujours travaillé dans ou sous les trains. Suivre cette voie ne m'a jamais traversé l'esprit. Inenvisageable.

J'ai fait des études de droit. Pour le comprendre et le tourner à mon avantage. Sous certains angles, le droit est une vaste escroquerie… Inventés par les puissants, pour les puissants, complètement déconnecté de la réalité de notre temps.

Le monde est un océan agité, et nous sommes des barques qui tanguent, dirigées par le courant. Les gens y sont balancés au hasard, certains dans des zones de grosses turbulences, d'autres dans des coins plus calmes, certains avec des boussoles et des pagaies, d'autres sans rien. Évidemment, ceux qui ont la chance d'être bien équipés s'accommodent mieux de la situation que les malchanceux. Pour autant, ça ne veut pas dire qu'ils vont réussir. Et encore moins que ceux qui n'ont rien vont couler. Parce que l'essentiel, ce n'est ni la boussole, ni les pagaies. C'est le cap. Décider de la direction à prendre. Vous n'avez pas de boussole ? Regardez le ciel : le soleil et les étoiles vous orienteront. Vous n'avez pas de pagaie ? Utilisez vos bras. Et surtout prenez la décision, définitive et irrévocable, que vous allez vous mettre en route, et avancer, à contre-courant si nécessaire. Toujours pour atteindre un but. Et en ayant bien en tête que vous allez y laisser toute votre énergie, mais que les échecs ne serviront qu'à renforcer votre détermination.

La peur de l'échec est à l'origine du train-train où beaucoup sont enfermés, parfois sans en avoir conscience : métro-boulot-dodo. On accepte d'être un zombi. On a perdu le contrôle de sa vie. C'est un manque de respect pour tous ceux qui n'ont pas eu la chance de vivre à notre époque, dans un pays civilisé, ou qui ont des maladies graves.

Ce qui m'a aidé, ce sont mes sources d'inspiration, que je n'ai pas peur de revendiquer : Gordon Gekko, Elon Musk, Bernard Tapie… Quand je les voyais, j'aspirais à porter les mêmes costumes : symbole de puissance et d'invincibilité. Plus la vie m'écrasait, plus je m'imaginais dans cette armure, taillée sur mesure dans un tissu italien. Mes proches me disaient : « Mais n'importe quoi… tu mettras des bleus de travail comme tout le monde ! » Jalousie. *Tu ne vas quand même pas sortir de la fosse, Anthony, pas question, on va t'enterrer vivant avec nous.* Atroce.

Naître pauvre, ce n'est pas seulement ne pas trouver d'aide pour s'en sortir et réussir sa vie. C'est aussi être retenu dans le trou parce que cela rassure ceux qui y sont coincés, les console de leurs propres échecs. Ils n'y sont pas arrivés, vous n'allez pas vous mettre à réussir. *Reste avec nous !*

Cette reproduction sociale n'existe pas que chez les pauvres. C'est partout pareil. Si votre père est médecin, il va sans doute vous imaginer de même, et vous pousser, consciemment ou pas, dans cette direction. *Idem* dans le droit (avocats, notaires...). Cette capitulation vous suivra toute votre vie et vous affectera profondément. Vous aurez choisi une vie pour satisfaire vos parents. Pourtant, qui mieux que vous peut savoir ce dont vous avez vraiment envie ?

La société muselle nos ambitions. Surtout ne changez rien à l'ordre du monde... Le déterminisme social, c'est si rassurant. Et ce sentiment de sécurité factice n'a pas de prix. On affiche des vies, des sourires qui ne sont pas les nôtres, suivant des prescriptions sociales à l'opposé de nos envies. Simplement parce qu'on ne se fait pas assez confiance. N'oublions pas, les proches – souvent nos parents – ne sont pas forcément des modèles.

Se priver de tout pour ne manquer de rien

Nos parents sont souvent les pires conseillers, et cela même parce qu'ils nous aiment – du moins, la majorité d'entre eux… Et au nom de cet amour, ils n'hésitent pas à nous aiguiller, en dépit de nos aspirations, vers des métiers qui nous offrent une situation stable et confortable. Ils nous suggéreront de devenir fonctionnaires, de faire du droit, de la médecine, alors que nous rêvons d'élever des autruches en Afrique du Sud. Ils ne tiendront pas compte de nos passions et ils seront ravis de nous voir signer un CDI, travailler dans le cabinet d'à côté, faire de notre vie tout ce qu'il y a de plus classique, raser les murs et ne rien laisser dépasser, parce que notre conformisme leur permettra de nous garder près d'eux. D'exercer leur emprise – et parfois leur toute-puissance.

Pourtant, l'ambition se nourrit d'indépendance… et d'humilité. Elle doit vous aider à vous émanciper, et à couper les liens de vos attaches financières. En deux mots, à ne plus être tributaires de vos parents. Mieux vaut se payer seul une colocation en banlieue plutôt qu'habiter à Paris dans l'appartement familial.

Parce que vous ne pourrez jamais vous en extraire. Chaque jour qui passe vous rendra plus asservi. Et vos rêves s'étioleront.

L'objectif n'est pas d'accumuler de la richesse, mais de faire de sa réussite une arme. Un levier. Pour son Why, le sens de sa vie.

Bien sûr, j'ai du plaisir à observer mon patrimoine augmenter. Je me lève le matin et je le vois vivre et croître. Mais je n'y suis pas attaché. Mon argent, je le place uniquement dans des investissements risqués. Je peux tout perdre du jour au lendemain. Mais le milliard d'euros que j'aurai avant mes quarante ans m'aidera à réaliser mon grand projet. Changer le monde pour que chacun y trouve sa place demande de l'argent. Et de la légitimité. Qu'on obtient en réussissant dans son domaine. Voilà, pour changer le monde, il faut être crédible. Pour réaliser ses ambitions, il faut se rendre légitime à les porter : quand on est né pauvre, on sait de quoi on parle. Et on n'oublie jamais la valeur de l'argent : le temps passé à le gagner, la pénibilité à constituer un patrimoine. Encore une fois, quel que soit votre domaine, fixez la barre le plus haut possible. Dans le mien, le business, je ne me suis jamais dit : « J'espère créer une société et la vendre un jour 10 millions. » Non, je ne me suis pas fixé de limites. J'ai créé une entreprise qui vaut des dizaines de millions. Mais elle aurait pu valoir des milliards. Donc frustration. Mais j'ai appris, et je ferai mieux la prochaine fois. La frustration, c'est le moteur. Elle nous pousse à nous dépasser.

Mon objectif final pouvait paraître inatteignable, mais c'est mon but ultime, et pour y parvenir je me suis fixé des paliers à court terme. Faire 1 milliard est un objectif intermédiaire, qui me permettra de l'atteindre. L'objectif à court terme, c'est aussi prendre du plaisir chaque jour à voir son ambition se réaliser : nouveaux projets d'investissements, nouveaux recrutements, Feed. qui se développe…

Je pense souvent à cette image qui circule sur le Net : deux hommes de différentes tailles qui ont chacun une échelle à leur mesure pour gravir les échelons. Si les échelons ne sont pas adaptés, par exemple s'ils sont trop écartés les uns des autres, un petit bonhomme n'arrivera pas à se hisser à la hauteur du premier échelon. Encore moins à celle des suivants. Mais si les échelons sont plus nombreux et plus resserrés, il se hissera au même niveau qu'un type plus grand qui aura eu moins d'étapes à franchir. Chacun son rythme. La vie n'est pas une course de vitesse, mais une course d'endurance.

Je déteste courir, et si je me dis « Dans deux semaines, tu vas finir un marathon », il est évident que je vais échouer. À l'inverse, si je me laisse du temps, je vais commencer par courir un kilomètre la semaine prochaine, deux kilomètres celle d'après, trois kilomètres... Je ferai mon marathon dans six mois. Et ce, sans me blesser ni me faire raccrocher définitivement mes chaussures de course. Ayez toujours la présence d'esprit de vous fixer des objectifs à court terme réalistes, ce qu'on appelle en start-up des OKR* (objectifs clés). Ce sont eux qui petit à petit vous amèneront à votre but final.

Bien sûr, l'ambition ne doit pas vous consumer. Il faut être capable d'apprécier ce qu'on a sans tomber dans cette insatisfaction perpétuelle ni dans le besoin de vouloir prouver aux autres qu'on a réussi.

J'avais moi-même ce biais, le complexe du banlieusard. Ce besoin d'afficher sa réussite, quand, enfin, on commence à gagner de l'argent. C'est compréhensible, mais à éviter. On attire la jalousie et on dépense ses économies bêtement. Aujourd'hui, j'apprécie ce que j'ai. Mais je ne suis dépendant ni de ma réussite ni de l'argent que j'accumule. À titre personnel, c'est dans l'inconfort que je trouve mon confort. À mon sens, pour réussir il vaut mieux être ascétique qu'épicurien. Se satisfaire de peu. Et inverser le mode de pensée classique qui consiste à toujours *avoir* plus, au lieu d'*être* mieux – ou d'être bien, tout simplement. Je suis toujours étonné, quand je vais dans des grands magasins, La Samaritaine ou les Galeries Lafayette, de voir tous ces gens acheter, souvent à crédit, des produits de luxe dont ils n'ont pas besoin – société consumériste oblige. Pourtant on voit immédiatement qu'ils ne roulent pas sur l'or, mais ils achètent des objets ruineux avec des logos de marque – leur faisant au passage de la publicité gratuite – en pensant impressionner le reste du monde !

Je n'ai pas de logo sur mes vêtements. Je porte des T-shirts blancs presque tous les jours. Cela peut sembler excessif, mais mon cerveau m'en est reconnaissant : une décision en moins à prendre chaque matin. Votre T-shirt coûte 20, 50 ou 500 euros ? Qui s'en soucie ? Vous l'achetez pour vous, pas pour les autres.

Cette capacité à la discrétion, je l'observe chez les gens aisés. Les « vrais » riches ne postent pas des vidéos de leur voiture sur TikTok. Ni de *stories* de leurs dernières vacances sur Instagram. Pas besoin d'impressionner. Ils n'ont rien à prouver aux autres. Vous non plus : vous n'avez rien à prouver à qui que ce soit d'autre qu'à vous-même. Pour ma part, je peux encore m'améliorer, mais je me rapproche d'un idéal : j'accumule beaucoup d'argent sans en avoir besoin. Je vis dans un petit appartement à peine meublé. Je peux partir du jour au lendemain, je n'ai pas la moindre attache à ce lieu de vie. Ni même de canapé parce que je n'en vois pas l'intérêt. Je me lève, je travaille, je vais dormir. Pas de métro-boulot-dodo, mais plutôt travail, passion, résilience. Dans ce décor, *exit* le canapé. Si j'ai besoin de me changer les idées, je sors de chez moi.

Plus on s'habitue à n'avoir besoin de rien, plus la vie est simple. Dans mon frigo et mes placards, je n'ai pas de café, jus d'orange, thé ni chocolat. Je bois l'eau du robinet en ajoutant une pointe de vinaigre de cidre dans ma gourde depuis que j'ai investi chez Archie, une start-up qui en produit. Ça me suffit. J'ai juste acheté un très bon lit, pour bien dormir, et du matériel adapté pour mon bureau (grand écran 49 pouces, clavier ergonomique, souris verticale…). Je suis en forme, et je fais du sport… Les basiques. Pas de drogue. Pas d'alcool. Pas de dépendance bizarre. Ça permet d'avoir un équilibre optimal pour atteindre sa mission de vie.

– 2 –

Le verre à moitié plein

La peur n'a pas d'emprise sur moi.
J'ai déjà connu l'enfer,
et je l'ai traversé en souriant.

Apprendre des moments difficiles

Né à Bordeaux, père contrôleur de train, mère VRP. Mon père a seulement un CAP. Ma mère s'est arrêtée au bac. On habite à Pessac, à côté de Bordeaux. On vit les volets fermés parce que mon père est agoraphobe. Il veut se couper au maximum du monde extérieur.

À l'école primaire, je suis le meilleur de ma classe, mais je sais que je ne pourrai pas faire de grandes écoles : il faut payer. Déjà en primaire le matériel est cher. L'extrascolaire, un luxe qu'on ne peut pas m'offrir. Je ne fais que de la natation parce que c'est un des sports les moins chers qu'on puisse trouver : une paire de lunettes et un maillot par an. C'est déjà l'injustice, et la frustration. Parce que j'adorerais faire d'autres sports, mais pas les moyens.

Je ne rentrerai pas dans les détails, mais enfant, je dois me créer une carapace pour supporter les violences physiques et psychologiques de mon père. Il a subi la même histoire et, par faiblesse, il n'a pas réussi à briser la chaîne de la violence. Je n'ai pas la moindre envie de le revoir. Je n'oublierai jamais. Le pardon ne fait pas partie de mon vocabulaire. Je n'ai aucune indulgence pour les personnes pathogènes. Je les laisse à leur triste vie et j'avance vers ma réussite. C'est la plus belle vengeance. L'ignorance et le succès. *« Work hard in silence, and let success be your noise »* – Frank Ocean.

Quand mon père part en déplacement un ou deux jours, c'est la libération pour ma mère et moi : on est heureux, on peut ouvrir les volets, voir la lumière du jour, mettre de la musique. La vie renaît dans la maison. Dès qu'il revient, une chape de plomb nous tombe dessus. Retour du stress et de l'angoisse.

Après l'école primaire, je me retrouve dans un collège public de seconde zone. Les professeurs sont très souvent absents, les élèves, désintéressés. Mauvaise période pour moi. Je ne suis pas à ma place, cette période me déplaît. Aucune liberté ni autonomie, des cours inutiles. Pourtant, mes notes sont excellentes. Plus de 16 de moyenne dans les dix matières, donc cent soixante points et le brevet des collèges obtenu avant même d'avoir passé la première épreuve. Mais personne ne m'aide à me poser les bonnes questions. Qu'est-ce que j'aime ? Qu'est-ce que je veux faire plus tard ? Quel est mon rêve ? On me demande seulement de choisir entre un bac S, L, ES, STT, STG, STL, STAV, STHR... C'est prendre le problème à l'envers. On finit par choisir au hasard, ou sur les conseils d'un prof qui ne sait finalement que peu de choses à notre sujet, la voie scolaire qui déterminera les quarante-cinq prochaines années de sa vie. Se connaître, trouver son rêve, et choisir le cursus qui permet d'y arriver me semblerait plus logique.

Désillusion ! Mes parents n'y connaissant rien, ils se plient à l'avis du conseiller d'orientation. J'ai beau expliquer que je déteste les maths et la physique, je me vois imposer un bac scientifique sciences de l'ingénieur. Mon avis ne semble intéresser personne. C'est fou comme votre condition sociale peut vous fermer des portes. Conséquence, ma frustration augmente : j'ai une revanche à prendre, ça se confirme !

Je me souviens encore de la première journée portes ouvertes dans mon lycée. Quelle détresse ! Des matheux et des ingénieurs en puissance. L'opposé de moi. J'essaie, une dernière fois, de convaincre mes parents que les trois prochaines années de ma vie vont être horribles. Mais c'est peine perdue.

À la maison, l'enfer continue. Ma mère ne veut pas ouvrir les yeux sur ce qui nous arrive. Les assiettes volent, mais elle pense que c'est mieux pour moi de grandir avec mes deux parents. Ça lui permet aussi de rester sous l'emprise de son « tortionnaire ». Ceux qui vous persécutent sont très forts, parce qu'ils arrivent à vous faire croire que c'est votre faute s'ils vous maltraitent.

Quelques années plus tard, le mariage de mes parents finit bien : ils divorcent. Nous avons évité de justesse une tragédie grecque : un, deux, trois morts. Ma mère et moi déménageons, et la violence s'arrête. Ma mère n'en reste pas moins meurtrie, je ne vais pas tellement mieux. Toutes ces années compliquées laissent des traces. Le petit garçon naïf et gentil du primaire s'est effacé devant un être rempli de haine. Elle devient mon guide, au quotidien. La relation avec ma mère s'en ressent. On ne se comprend pas. La cohabitation n'est plus possible. Je me retrouve à la rue.

Juste le temps de mettre mes affaires dans une valise, d'appeler un ami d'enfance qui ne vit pas loin, chez ses parents. Ils m'hébergent une nuit, et dès le lendemain je réalise qu'on est seul dans la vie : le père de mon ami m'explique qu'il ne veut pas de problèmes avec le mien. Je dois partir sur-le-champ.

Voilà comment je me retrouve place Gambetta, à Bordeaux, avec deux ou trois affaires dans un sac (j'ai laissé ma valise chez mon ami). Et là, je ne sais vraiment pas, mais vraiment pas où dormir. Je fais un point rapide : j'ai un livret A avec 500 euros, l'argent de mes anniversaires mis de côté depuis que j'ai huit ans. Heureusement, j'étais déjà économe. Ça m'offre un peu de visibilité, mais je ne vais pas tenir longtemps. J'appelle toutes mes connaissances. Malheureusement, elles sont très jeunes pour la plupart et vivent chez leurs parents, qui ne veulent pas d'histoires. Le premier soir, je trouve refuge dans un hôtel miteux. Naïvement, je me dis que quelqu'un finira par m'appeler. Mais le deuxième soir, je dors encore à l'hôtel.

À ce rythme-là, je n'aurai bientôt plus d'argent. Je commence à me rationner. Et j'alterne : une nuit dans un bus, une nuit dans un hôtel miteux. Entre-temps, j'ai déposé mes affaires dans une consigne à la gare.

Je passe mes journées à marcher dans la ville, pour ne pas faire SDF. Je ne veux surtout pas donner l'impression que je suis à la rue. Pourtant, je n'ai pas d'habits de rechange dans mon sac (ils sont à la consigne), et à peine de quoi manger.

Ce n'est pas la meilleure époque de ma vie, c'est certain. Il me faudra des années avant de me faire justice… En attendant, après plusieurs semaines d'hôtel et de bus, un ami accepte de m'héberger.

La rue, le squat chez les uns et les autres, rien n'est plus épouvantable. Le manque de liberté. La dépendance aux autres. Je suis constamment bringuebalé entre différents appartements. Un soir, celui-là ne peut pas parce qu'il a rendez-vous avec sa copine. Le suivant, celui-ci ne peut pas parce qu'il fait une fête. On est toujours dans du *last minute*, avec la pression de ne pas savoir où aller. Zéro visibilité sur le lendemain. On est incapable de se projeter parce que le quotidien accapare toute notre énergie. Comment dans ces conditions prendre un peu de hauteur, sortir la tête du guidon, et se dire : « Qu'est-ce que je vais faire dans trois mois ? » Ces questions sont loin de nous, le seul impératif est de se trouver à manger pour le soir, et de l'argent pour le lendemain.

La vie ne se réussit qu'avec des objectifs à court, moyen et long terme. Sauf qu'à vivre comme un fantôme errant sur terre, sans savoir pourquoi on est là, on se déshumanise. On essaie de manger, de dormir, on n'est plus qu'un zombi qui vagabonde. Les autres vous fuient. Vous n'avez pratiquement plus de cerveau. Les jeunes de votre âge, pendant ce temps-là, partent en week-end, ont des profs particuliers, profitent des conseils de leurs parents, ou de leurs écoles, découvrent le monde et apprennent des langues étrangères : double, triple, quadruple injustice.

Un matin, je décide de récupérer tout ce qu'il me reste à la Caisse d'épargne. La guichetière me sort un billet de 100 euros. Je le regarde un long moment : là, il va vraiment falloir que je trouve une solution. Demander le RSA ? Pas avant vingt-cinq ans. J'ai largement le temps de mourir de faim plusieurs fois. Aucune aide. Comment vais-je faire, avec mes études de droit qui arrivent en parallèle ?

Rebondir : se créer une carapace mais rester à l'écoute

Mon cerveau se met en action. Il se trouve que je suis un obsessionnel et que je crois au destin, à la faculté que chacun a de le convoquer. Cela s'apparente à la méthode Coué... Mais parfois c'est tout ce qu'on a. Pour que quelque chose se réalise, je commence par y penser très fort. N'y voyez rien de magique. Simplement, en faisant tourner mon cerveau sans arrêt, à un moment j'ai un déclic. Pour moi, ça se passe la nuit, dans le bus, où j'imagine et me note des plans A, B, C...

Je fais tout ce qui est possible. Je répare et vends des calculettes en parallèle à mes études, je répare des scooters, des voitures, et petit à petit les gains commencent à monter, à force de travail et d'obstination. De résilience aussi. J'ai la chance de savoir bien m'entourer, et les jeunes riches aiment s'encanailler. Je leur propose des affaires, j'utilise leurs capacités d'emprunt, et on partage les gains. Voitures, terrains, petits appartements... Je commence à enchaîner des projets « à la limite de la légalité » : je déconseille et préfère éviter d'en parler. Je ne veux pas que les jeunes pensent que c'est ce qui m'a aidé. Au contraire, c'est ce qui m'a maintenu dans l'échec trop longtemps. Si j'avais su, j'aurais commencé l'entrepreneuriat beaucoup plus tôt, mais je ne connaissais même pas ce mot.

À cette époque, rien ne me fait peur parce que je n'ai rien à perdre. Je me suis construit une carapace émotionnelle qui me ferme à tout sentiment. Je suis un robot indestructible, capable d'affronter n'importe quelle épreuve. Mais ce manque d'empathie m'empêche de faire les bons choix. Je vais traverser des épreuves très compliquées jusqu'au moment où je rencontre une fille qui va changer mon destin. On a vingt ans. Mélanie croit en moi et me certifie que je vais faire de grandes choses. Nous resterons en couple pendant huit ans. Même si nous ne le sommes plus aujourd'hui, nous ne nous quittons pas. Nous sommes de vrais partenaires de vie. Elle est d'ailleurs mon bras droit chez Feed. Avec Mélanie, nous n'avons pas toujours eu la vie facile. Elle est d'origine turque. Les relations avec la famille sont compliquées. On est seul au monde. Mais ça ne nous fait pas peur. La difficulté est devenue notre alliée. L'échec, notre ami. Tapi dans l'ombre, il est toujours là. Je le sais. Il me surveille. Au premier faux pas, il resurgira.

Je poursuis mes études de droit : j'ai vu trop d'injustices dans ma vie, je dois comprendre comment le système fonctionne. Surtout si je veux mener à bien ma révolution. Le droit est écrit par les élites, pour les élites. La classe supérieure le détourne à son avantage. Je dois m'en imprégner tout en gardant du recul. Pendant cinq ans, j'observe des étudiants perdre tout sens critique, en apprenant par cœur des milliers de pages qu'ils réciteront pendant les partiels. L'instinct grégaire à son paroxysme.

Parallèlement à cette perte de temps financée par l'État, je fais du business. Je n'ai pas besoin d'aller à la fac. Pas le temps non plus. Il suffit de penser différent, de payer quelques chargés de

TD pour faire ses dissertations mensuelles, et le tour est joué. Pas besoin d'apprendre comme un mouton les « grands arrêts de la jurisprudence administrative ». GAJA pour les intimes. Quand je pense que des étudiants pleuraient aux exams parce qu'ils avaient oublié la date de l'arrêt Blanco… Trop de souffrances inutiles. Et quelle perte de temps ! Je préfère gagner de l'argent. Beaucoup d'argent. De l'argent que je n'ai pas peur de perdre. Parce que je sais comment le créer. Si je détruis tout, je reconstruirai. Si je tombe, je me relèverai. Inlassablement. J'aime la douleur. La peur n'a pas d'emprise sur moi. J'ai déjà connu l'enfer, et je l'ai traversé en souriant. Je ne crains pas la pauvreté. Je l'ai déjà affrontée. Je l'ai surmontée, dominée, utilisée comme un moteur.

Voitures, montres, immobilier, trading, import-export, tout y passe. J'ai ce qu'on appelle du flair, et les gens pensent à moi quand il y a des bonnes affaires et qu'ils veulent un partenaire solide et malin.

Je finis mon master 2 de droit à Paris. Je fais le stage exigé pour valider mon année. Une épreuve. Je ne me suis jamais autant rapproché de la dépression. Je me promets de ne plus jamais céder à la facilité d'une feuille de salaire ni au confort d'un contrat de travail. Ma voie, c'est l'indépendance, et mon moyen, le business : je commence à investir dans des start-up. J'adore l'énergie qui s'en dégage, ce besoin de créer, cette envie d'apporter des solutions, de combattre les grands groupes et les industries installées. J'ai trouvé ce qui me plaisait. Je suis prêt pour lancer Feed.

Dans les pires moments de ma vie, je suis capable de ne rien ressentir. Les battements de mon cœur ne s'emballent pas. Je reste calme et concentré. Froid et déterminé. C'est parfois nécessaire pour se protéger de la violence. Les psychiatres me diagnostiquent adrénergique, drogué à l'adrénaline, donc si je perds le contrôle de moi-même, c'est une explosion pure et simple. Quand on est obnubilé, on flirte parfois dangereusement avec la psychose. On doit domestiquer son démon, sous peine de sombrer du côté obscur. Ce démon est un cocktail explosif qui vient de très loin. Des blessures de notre enfance, par exemple. C'est une énergie noire. Bien maîtrisée, elle nous permet de nous impliquer intensément, sans relâche et sans découragement. C'est comme Naruto avec le démon renard à neuf queues pour ceux qui connaissent. Si je laisse sortir cette entité, je deviens une autre personne, mon visage change et je n'ai plus de limites. Toutes les injustices accumulées, la souffrance et les déceptions passées ont nourri cette haine qui rôde. Je dois vivre avec et la dominer. Je ne peux pas non plus m'en séparer, car cette boule d'énergie me fournit la détermination et la volonté nécessaires au quotidien. C'est comme une voiture de sport. Elle permet d'aller vite, mais si on ne maîtrise pas sa puissance… Dérapage. Fossé. Fin du voyage.

Pour garder l'équilibre, dans les situations compliquées, il faut savoir prendre les choses au second degré. Se créer une carapace émotionnelle pour se protéger. L'idée est de prendre assez de recul, pour ne pas être affecté par ce qui vous arrive, tout en restant conscient de la situation. Ne faites pas l'autruche. Ne vous mettez pas la tête sous terre en priant pour que tout s'arrange. Avec une bonne carapace, qu'on appelle aussi la défense par la cognition en psychiatrie, les moments difficiles vont ricocher et ne jamais pénétrer votre chair.

À dix-douze ans, je pouvais voir mon père essayer d'enfoncer la porte de la salle de bains en hurlant sur ma mère qui se cachait à l'intérieur, tout en restant parfaitement calme et serein. Inutile de pleurer ou de hurler. William Churchill le disait : « Si tu traverses l'enfer, ne t'arrête pas. » Je continue froidement mon chemin, mon enfance, mon adolescence. Le temps de ma vengeance viendra. Je le sais.

Je peux être affecté par les moments difficiles mais ne m'abandonne jamais à la souffrance. Et je vous conseille d'en faire autant si vous ne voulez pas vous perdre en route. C'est valable pour tous les domaines de la vie : votre conjoint veut divorcer, vous avez un problème de santé, vous perdez votre travail ou un proche... Évidemment, c'est brutal. Mais ça fait partie de la vie et vous ne pouvez pas vous laisser détruire. Quelle que soit l'épreuve. La difficulté est de trouver le bon équilibre. Ne pas se refermer comme une huître, se couper de la réalité ou ne plus faire preuve d'empathie. Ce serait perdre son humanité.

Pendant des années, je ne ressentais plus rien. C'était pratique d'être une machine et j'aimais cette capacité à surmonter n'importe quelle situation. Mais quand vous êtes dissocié, évidemment, vous ne pouvez pas atteindre le sommet. L'empathie, la capacité à sentir les autres doit se combiner avec la carapace émotionnelle. Quand votre balance sera parfaite, vous pourrez vous protéger, tout en étant assez réceptif pour réussir, en un regard, à décrypter les autres. Un œil qui se baisse, l'intonation de la voix qui change. Enclenchez vos radars et détectez le moindre signal. Tout en conservant votre carapace. Vous ressentez, mais vous n'êtes pas touché. Vous captez les émotions de l'autre, vous vous en servez, mais sans jamais être bouleversé.

Trouver l'équilibre parfait demande du travail et de la résilience. Mais toutes les réussites que j'observe autour de moi ont ce point commun : la résilience. Qu'elles soient politiques, économiques, écologiques, artistiques, sportives : tous ceux qui ont réussi n'ont pas abandonné. La résilience doit être la valeur cardinale de votre vie.

Choisir de progresser

Il y a une phrase qui me revient souvent en mémoire : « Le lâche ne commence jamais, le faible ne termine jamais, et le gagnant n'abandonne jamais. »

Le lâche se dit que c'est perdu d'avance. Un de moins. Le faible, lui, ose se lancer, mais cède face à la charge de travail et aux sacrifices. Le gagnant est en résilience : il combine carapace et empathie, détermination et ambition. Travail et passion.

Celui qui veut réussir doit savoir rester positif dans n'importe quelle situation, relever la tête et repartir à pleine puissance, même quand la situation paraît désespérée. Si je repense à mon adolescence, dans la rue… En dehors d'une période de guerre, je vois mal comment le tableau pourrait être plus noir, en tout cas en France. Mais à l'époque, je m'efforce de mettre ma situation en perspective – il y a toujours pire. Je suis en bonne santé, je ne suis pas trop bête, je suis jeune, je ne suis pas né au Burkina Faso. Ni dans un pays où mes parents pourraient m'obliger à me prostituer. Là, compliqué… Non, je ne suis pas dans cette situation, alors je ne m'apitoie pas sur mon sort et je vais de l'avant.

Je lisais des histoires stupéfiantes. Des témoignages de vies apocalyptiques… J'en arrivais à me sentir privilégié. Et je l'étais, je n'avais pas perdu mes jambes en marchant sur un obus et je n'étais pas sur un lit de mort ! La semaine dernière, pour « Noël solidaire », j'étais à l'hôpital Necker avec Brunella Emmanuelli, fondatrice de plusieurs associations auxquelles Feed. apporte son soutien. Nous passions la journée en soins palliatifs pédiatriques. En deux mots, avec des enfants qui vont mourir dans les semaines à venir et qui le savent. Ça remet les idées en place, et ça confirme ma thèse. Quelle que soit notre situation, nous n'avons pas le droit de nous plaindre. Ce serait un manque de respect pour ces destins avortés qui n'ont pas eu la moindre chance de profiter de la vie.

Cette remise en perspective doit vous amener à voir les choses autrement. Votre verre est à moitié plein. Pas à moitié vide. Choisissez de progresser. C'est d'autant plus réalisable qu'on a tous en soi des capacités. Trouvez ce qui vous anime, vous passionne. C'est votre Why. Vous êtes forcément bon dans un domaine. Il faut que vous trouviez votre verticale. Elle est parfois longue à se dessiner et dépend aussi de vos compétences naturelles.

Certains sont bons en mathématiques, d'autres savent chanter. On connaît tous des enfants doués en dessin, ou encore des amis forts à l'oral. Vous, c'est peut-être l'écriture.

Ou bien la musique, le sport, la psychologie… Les possibilités sont infinies. C'est en se servant de nos facilités, en se concentrant sur ce qu'on fait de mieux, en l'optimisant, qu'on peut se différencier. Inutile d'être moyen partout. Cherchez davantage à exceller dans un domaine. Et travaillez, sans relâche, pour vous perfectionner et devenir le meilleur.

Je pense sincèrement que la pauvreté est une vraie bénédiction. « La créativité naît de l'angoisse comme le jour naît de la nuit » – Albert Einstein. C'est au pied du mur que les bonnes idées viennent. C'est pour ça que les start-up grandissent vite : constamment en danger, au point de rupture, aux limites de l'échec, elles sont obligées de pivoter, d'être agiles, de trouver des solutions alambiquées. Une société se relève quand elle n'a plus d'argent, quand plus personne ne veut y investir, quand tout va mal… Toutes les grandes aventures entrepreneuriales ont connu ces moments où les comptes étaient presque vides. C'est là qu'elles repartent.

L'inventeur de la disquette informatique (les plus jeunes ne voient pas de quoi je parle), Yoshiro Nakamatsu, va encore plus loin que moi. Il se forçait à flirter avec la mort pour augmenter son inventivité. Il plongeait dans sa piscine et gardait la tête sous l'eau jusqu'à manquer d'oxygène. Ses idées alors affluaient, aux frontières de la mort. Pour moi, pour vous, pour beaucoup d'entre nous, c'est la même chose. C'est au fond du gouffre, au bord de la dépression, quand vous ne faites plus rien, que votre vie n'a plus aucun sens, que vous pouvez rebondir !

Quand je rencontre des gens riches, je me rappelle toujours qu'une personne, dans leur famille, a cassé les chaînes de la pauvreté. Elle a transformé le destin des futures générations. C'étaient peut-être les parents, ou des aïeux deux siècles plus tôt. Mais dans tous les cas, quelqu'un a fait la différence. Sa photo est souvent posée sur la cheminée. Pour lui rendre hommage, et ne pas oublier que, sans lui, les réveillons de Noël à Saint-Barth ne seraient pas possibles.

Vous pouvez être ce libérateur. Et votre descendance profitera des fruits de votre travail. Mais attention, naître riche ne sera pas forcément une chance pour eux. Généralement, après la génération qui crée la fortune, il y a celle qui en profite et la troisième qui la dilapide. Elle perd tout. Pourquoi ? C'est une question d'éducation. La deuxième génération a été élevée dans le plaisir et le confort, elle éduque souvent ses enfants dans le consumérisme à outrance. Ils ne respectent pas l'argent, car ils n'ont jamais travaillé pour en avoir. Résultat… les enfants deviennent pires que les parents. Parmi mes proches, certains ont hérité de 300 millions et ont tout perdu en moins de quinze ans. L'argent achète rarement une sage descendance. Le film *House of Gucci* illustre parfaitement mon propos. Les héritiers de la célèbre marque n'ont vraiment pas su gérer leur fortune : dès la deuxième génération, elle avait fondu comme neige au soleil. Plus on approche du sommet, plus le vent souffle fort ! Voyons le positif : régulièrement, les cartes sont rebattues.

Le monde change, évolue. Il faut savoir saisir les opportunités. Chaque génération en offre. Les deux cents dernières années ont connu plusieurs époques florissantes : l'industrie pétrolière (et toutes les matières premières), les grandes industries type General Motors, les grandes banques d'affaires, les traders, les bulles immobilières, puis les fortunes du web 2.0. Aujourd'hui, Rockefeller et Henry Ford ne sont plus les rois du monde. Les maîtres de l'univers s'appellent Facebook, Google, Amazon, Tesla. Mais dans quelques années, ils seront remplacés par les précurseurs du web 3 (blockchain, crypto…). Le vent tourne et vous aussi vous pouvez y arriver si vous saisissez votre chance au bon moment.

C'est pourquoi nous devons secouer la société, lutter contre l'immobilisme. Nous pouvons déclencher des révolutions et faire naître des opportunités. Le fils doit tuer le père. Les jeunes doivent s'imposer. Le monde est à nous.

Se faire seul et se projeter

Aujourd'hui, 1 % seulement des entrepreneurs en France se sont faits seuls[1]. C'est incroyable : ça veut dire que 99 % des entrepreneurs ont été aidés financièrement par leurs familles, leur réseau, leur grande école de commerce… Donc si vous venez d'un milieu

1. Chiffre cité à la conférence des grandes écoles lors du CES (Consumer Electronics Show) de Las Vegas de 2019 (https://www.lafrenchtechnantes.com/wp-content/uploads/2019/09/Dossier-de-presse-French-Tech-Tremplin.pdf).

défavorisé, vous avez une chance sur cent d'y arriver. Une chance sur cent. Bon courage. Dans quelques dizaines d'années, on pointera du doigt toutes les injustices de notre époque. Il suffit de lire *Enfances de classe* de Bernard Lahire pour s'en persuader. Les inégalités sont folles et je suis toujours étonné de voir les gens se laisser faire.

Comparaison n'est pas raison, mais de la même manière qu'on est aujourd'hui outré par les inégalités des siècles derniers, nos arrière-arrière-petits-enfants seront scandalisés par les déséquilibres sociaux du XXIe siècle. Certes, le servage et l'esclavage ont été abolis. Mais l'homme ne semble pas apprendre de ses erreurs passées. Les inégalités perdurent.

Je suis néanmoins convaincu que le peuple va se soulever dans les années à venir, et que nous vivrons un bouleversement d'une puissance inouïe. Le principe même d'État va évoluer, et le peuple reprendra le pouvoir.

Quand vous avez vraiment besoin de travailler pour gagner de quoi vivre, le piège, c'est évidemment de rentrer dans un moule. Les gens, votre entourage souvent, vous poussent à accepter le premier métier venu. Vous vous enfermez dans une spirale infernale : votre travail ne vous convient pas, il vous prend tout votre temps et votre énergie. Exemple, vous êtes équipier dans un fast-food. Toute la journée vous décongelez des frites et vous les plongez dans l'huile. Votre cerveau se ramollit en même temps que les frites et vous n'avez pas une minute pour réfléchir à votre vie. Vous n'avez même pas l'idée d'y penser. Et comme vous devez payer votre loyer, vous vous retrouvez coincé au milieu des burgers.

Retournons dans la rue, quand je n'avais rien et que mon téléphone ne sonnait jamais. Je ne vais pas me faire recruter chez McDo pour gagner de l'argent. Je fais exactement l'inverse : je réduis mes besoins au maximum. Je bois de l'eau toute la journée, je rationne ma nourriture la semaine. Je coupe tout, juste pour m'offrir ce luxe incroyable d'avoir le temps, le temps de réfléchir à ce que je veux vraiment faire. C'est plus constructif que de s'épuiser à courir derrière l'argent pour payer son loyer. Aussi étrange que cela puisse paraître, dormir dans un bus, comme je l'ai fait, permet de mieux réfléchir.

Je n'ai jamais décongelé de frites. Je n'ai jamais eu de fiche de paie. En dehors de mon stage en alternance pendant mes études de droit, je n'ai jamais été employé. Ce stage m'a fait davantage souffrir que la rue. Direction juridique dans l'immobilier… Prendre le métro tous les matins pour travailler avec des gens éteints, qui ne se parlent pas de la journée. Quelle angoisse ! J'ai fui la zone très rapidement. Quand ça ne va pas, n'hésitez pas à décamper. La vie est courte, vous n'avez pas de temps à perdre. Laissez les fantômes errer entre eux. Vous avez de grandes choses à accomplir !

Quand l'espoir vous abandonne, soyez résilient. Ne lâchez jamais. Dans l'avenir, un futur vous vous remerciera de ne pas abandonner en ce moment. Comme dans *Terminator*, quand John Connor enfant rencontre John Connor adulte, venu du futur. Le vieux Connor dit au jeune : « Ne baisse pas les bras, notre sort dépend de toi ! »

Je rêverais d'envoyer un message à Anthony adolescent, celui qui vit dans la rue, pour lui donner des conseils. J'aurais adoré recevoir ce bouquin de mon futur moi : ça m'aurait évité beaucoup d'erreurs. Et fait gagner du temps.

Quand vous êtes au bord du gouffre, et que vous avez envie de tout abandonner parce que vous n'y arrivez vraiment plus, vous projeter mentalement en dehors de votre situation peut vous sauver la vie. Sortez de votre quotidien, quittez votre souffrance en vous visualisant dans un avenir qui ne peut être que meilleur.

Enfant et abandonné, dans les moments où je vais très mal, j'élabore des scénarios où je me vois réussir… Un beau costume, une belle voiture. Quoi que je fasse, où que j'aille avec mes amis, je suis respecté. Je me passe ce film en boucle, pendant des heures, jusqu'au moment où mon cerveau me propose des solutions. Une porte de sortie. La motivation pour y arriver. Avec la projection, plutôt que de sombrer dans la négativité, on décolle, on s'envole, et plus on prend de l'altitude, plus l'horizon s'éclaircit. Imaginez-vous dans dix ans. Pas l'année prochaine, non, mais dans dix ans. Se projeter à un an seulement, c'est l'échec assuré. Vous savez au fond de vous que c'est impossible. J'ai beau par exemple m'imaginer bodybuildeur dans six mois, mon cerveau n'y croira pas : il se doute bien que pour y arriver, dix ans de travail sont nécessaires. C'est pour ça qu'il faut se projeter loin. Réserver les prochains mois aux objectifs à court terme dont on a déjà parlé.

Si vous aimez l'écologie, imaginez que vous allez trouver une solution pour nettoyer les océans. Si vous voulez faire du business, rêvez de sonner la cloche à Wall Street pour votre introduction en Bourse. Si vous êtes un sportif, visez Roland-Garros. Quoi que vous choisissiez, songez à quelque chose de vraiment fort, osez l'excessif. Dès que le blues vous grignote, plantez-vous une belle image dans la tête et faites-la tourner en boucle. Vous pouvez l'associer à une musique, toujours la même, qui agira comme une piqûre de rappel, pour vous habituer à votre film, et ne pas vous déconcentrer. Visualisez ce moment précis où vous vous en sortez avec les honneurs. Alors, vous sentez l'énergie qui monte en vous. Je vais le faire, Je vais le faire… Je le fais.

– 3 –

Soif d'apprendre, rage de vaincre

« Ceux qui vivent, ce sont ceux qui luttent, ce sont ceux dont un dessein ferme emplit l'âme et le front, ceux qui d'un haut destin gravissent l'âpre cime. Ceux qui marchent pensifs, épris d'un but sublime. »

Victor Hugo

Sortir du cadre

Je n'ai aucun sens artistique. Pourtant, j'ai dû faire de la musique à l'école. De la flûte à bec. Qui a rejoué de la flûte en dehors de l'école ? Trop peu, me semble-t-il, pour que cela justifie un enseignement obligatoire. Une heure par semaine, ça paraît peu. Mais une heure multipliée par trente-six semaines multipliées par au moins cinq ans… ce sont plusieurs centaines d'heures perdues durant lesquelles les jeunes pourraient développer des connaissances dans une matière qui leur plaît vraiment.

On nous apprend aussi quelle planète, entre Pluton et Vénus, est la plus éloignée de la Terre. Très bien, ça me servira sûrement quand je déciderai de fuir la planète Terre avec une fusée.

L'Éducation nationale devrait être une école de la vie. Et de la survie. Parce que les gens qui se confrontent à la misère sont de plus en plus nombreux. Si, comme d'autres pays, des cours d'économie leur étaient dispensés, ils auraient appris à faire un bilan, déclarer leurs revenus, économiser leur argent, le placer, ça leur aurait sûrement plus servi que de faire une rosace avec un compas. Ils auraient reçu un kit de survie. À la place, l'Éducation nationale leur a enseigné la liste complète des capétiens et l'accord du participe passé des verbes accidentellement pronominaux. Entendu, je caricature, mais combien de choses enseignées ont une réelle utilité dans la vie d'adulte ?

L'éducation civique, par exemple, c'est important : vivre ensemble dans le respect mutuel, ça s'apprend. Évidemment, avec ces fondamentaux, le peuple gagne en autonomie. Un peuple libre, tous les États, France comprise, n'en ont pas envie. Il ne se laisse plus infantiliser. On ne peut plus le maintenir sous le joug puissant et conformiste de la dépendance.

On voudrait nous faire croire qu'on est pauvre par nature. En conséquence de quoi, nous devrions nous satisfaire d'un RSA, 500 euros par mois, d'avoir un toit, et l'estomac plein. Et c'est ce que la majorité fait. On nous donne juste assez pour qu'on ait quelque chose à perdre. Alors, adieu la révolution.

L'Éducation nationale ne forme pas des leaders. Mais de bons petits soldats à l'instinct grégaire. L'école ne devrait pas faire de nous des subordonnés, à nos familles, à nos employeurs, à notre pays. Elle devrait nous donner les clés de l'indépendance. Qui est d'abord financière. Ce qui nous permettrait de rêver et d'avoir les moyens de nos ambitions. Mais non, on vous oblige à jouer de la flûte. Même quand vous n'avez pas l'oreille musicale – aucune note juste ne sortit jamais de ce bout de bois percé, mais ma salive… Vos talents, vos envies ? Aux oubliettes. C'est tout juste si on ne vous a pas déjà préparé un bleu de travail parce que votre père est ouvrier.

En France, l'éducation est gratuite. Formidable, toute la population peut y accéder. Seulement on a aussi des écoles privées, payantes. Pas idéal pour la mixité sociale. Pour l'assurer, il faudrait réunifier les deux concepts : l'école serait publique, mais payante pour les plus aisés. Cette école globale rassemblerait les riches et les pauvres. Elle aurait suffisamment de moyens pour offrir des enseignements de qualité. À moyen terme, nous verrions naître une société plus égalitaire où chacun aurait eu toutes les cartes en main. Et le choix de réussir, ou non. Vous pourriez y sélectionner trois ou quatre matières qui vous passionnent et vous en servir comme passerelle pour vous sensibiliser au reste du programme scolaire. Ça se fait dans d'autres pays, où les enfants me semblent plus épanouis. C'est un défi et il faut avoir la volonté de s'y engager. Une Éducation nationale volontariste. Beaucoup d'enseignants ont des idées. Mais ils sont brimés par leur hiérarchie, voire par leurs collègues. Ne pas sortir du cadre. Toujours.

Mais c'est un cadre étriqué ! Celui qui fait qu'un tiers des patrons du CAC 40 sont issus de

Polytechnique et de l'ENA. Deux écoles seulement. 80 % des administrateurs de ces sociétés, donc de leurs dirigeants, sortent eux aussi de ces formations. De ce point de vue, la France est le pays le plus élitiste du monde. À l'inverse, seules 10 % des grandes sociétés cotées américaines sont dirigées par un diplômé de l'Ivy League, c'est-à-dire les huit universités les plus prestigieuses des États-Unis. En France, nous n'avons pas rompu avec notre passé monarchique. Les indices boursiers l'illustrent eux aussi. Le Nasdaq, qui est le deuxième marché d'actions des États-Unis, n'est quasiment composé que d'entreprises technologiques modernes. On en trouve très peu dans le CAC 40, pourtant le principal indice de la Bourse de Paris.

Ainsi, la cooptation, l'élitisme et la reproduction sociale expliquent que les patrons et administrateurs français recrutent dans les écoles où ils ont eux-mêmes étudié. Même constat dans l'écosystème start-up : si vous n'avez pas fait HEC, les investisseurs n'ouvriront pas votre *deck** (votre dossier de levée de fonds). Les fondateurs ne liront pas votre CV. Mais je ne tiens pas à ostraciser quiconque ni à faire de la discrimination positive. Certains de mes collaborateurs sortent d'HEC. Je prends simplement les meilleurs, les plus passionnés, les plus motivés !

Nos représentants politiques devraient eux aussi être issus de toutes les strates de la société, pour mieux la représenter. Ce n'est pas le cas aujourd'hui. Il est nécessaire de s'appuyer sur les personnes qui ont réussi. Les ériger en modèle, en source d'espoir et d'inspiration. En catalyseurs de réussite. Parce que sans espoir, tout est perdu. Perdu d'avance.

Je ne suis pas politisé. Je vote blanc. J'apporterai volontiers mon soutien à un parti quand le peuple reprendra le pouvoir et que le concept d'État évoluera. Aujourd'hui, les politiciens n'ont aucune légitimité. Ils viennent tous des mêmes écoles, des mêmes quartiers et ont reçu la même éducation. Pourquoi écouter les conseils de personnes qui n'ont jamais travaillé, créé ni généré de la valeur ? C'est aussi illogique qu'un aspirant boulanger qui apprendrait à faire du pain avec un professeur d'histoire.

Ce manque de légitimité condamnera la politique telle qu'on la connaît aujourd'hui.

Cultiver son goût de la réussite

Pour comprendre, inspirer et motiver les gens, il faut avoir vécu des expériences proches des leurs. Je n'en tire aucune gloire, mais c'est mon cas. Mon histoire fait de moi un expert en galères. J'ai, par la force des choses, développé une faculté d'empathie qui me permet de partager mon expérience et de conseiller ceux qui rencontrent le même type de difficultés. Si je peux les aider à ne pas commettre les erreurs que j'ai faites, ils gagneront du temps. Ils s'émanciperont plus vite, cultiveront leur goût de la réussite. Je suis très souvent face à des jeunes qui se victimisent. Ils le font parce qu'ils sentent que je suis en mesure d'entendre leurs plaintes. Il y a un effet miroir : ils se voient en moi et je me vois en eux. Mais je ne m'apitoie pas. Je les secoue. Parce que je me suis démené avant eux : mettez-vous au travail si vous ne voulez pas crever. Ce qui m'y autorise, c'est que moi aussi, j'ai été dans leur situation. Personne ne peut me reprocher d'être trop dur avec eux.

L'ambition est un merveilleux moteur pour évoluer tout au long de sa vie. Elle dynamise notre audace et nourrit notre témérité.

Elle est source d'adrénaline et de remise en question perpétuelle. Il ne faut cependant pas sombrer dans l'excès et l'insatisfaction éternelle, sous peine de ne jamais apprécier le chemin déjà parcouru. Selon Montesquieu, « Un homme n'est pas malheureux parce qu'il a de l'ambition, mais parce qu'il en est dévoré ». La différence est subtile, mais fondamentale. Ce désir ardent de réussite peut donc être aussi bénéfique qu'il peut devenir dangereux s'il n'est pas contrôlé.

Avoir le goût de la réussite, de la victoire, paraît presque indécent en France. On ne nous y encourage pas, bien au contraire : combien de fois ai-je entendu dire « Tu n'arriveras à rien, tu es un bon à rien » ? On est loin du leitmotiv d'Ayrton Senna : « Dans une course, le deuxième, c'est le premier des perdants. »

L'ambition conserve cette connotation péjorative et est parfois assimilée à une forme de narcissisme. On vous caricaturera carriériste ou jeune loup prêt à tuer le maître. Pourtant, c'est vers cet état d'esprit, qui permet d'atteindre le plein épanouissement, que je souhaite vous emmener.

L'ambition saine permet de construire son identité dans un environnement social et conduit à ressentir la satisfaction de soi. Il n'y a pas de petite ni de grande ambition. Il y a tout simplement une envie profonde de ne pas passer à côté de sa vie. Si certains ont pour ambition de voir aboutir un projet humanitaire collectif, d'autres mettent tout en œuvre pour faire fortune. L'important, c'est que cette ambition soit compatible avec ce que vous êtes vraiment.

Jusqu'au milieu du xxe siècle, les femmes et les hommes vivaient pour travailler et fonder une famille. C'étaient leurs deux grands projets de vie. Aujourd'hui, nous sommes passés dans une société de désir, dans laquelle il est normal de revendiquer le droit à l'épanouissement – ce bien-être émotionnel qui peut se définir comme la réussite de sa vie professionnelle, tout en préservant sa vie familiale et personnelle.

Il n'y a pas d'âge pour l'ambition et nous avons encore beaucoup de travail pour inculquer cette notion aux jeunes générations. Un enfant peut émettre le souhait d'être Président avant même d'être en âge de se raser. On réprime bien souvent les aspirations de nos têtes blondes, sous prétexte qu'il va leur falloir composer avec un principe de réalité. Or, un enfant dont on ne bride pas les désirs arrive bien souvent à ses fins. Il apprend à ne pas renoncer et à aller au bout de ce qu'il aime.

Même combat pour la retraite et la fin de vie. Ne nous cachons pas derrière notre âge pour devenir des légumes amorphes. Tout ce temps libre est une chance inouïe pour réaliser ce qu'on aurait aimé faire plus tôt.

Tout au long de votre vie, posez-vous ces questions élémentaires : « Est-ce que cela me convient de fonctionner ainsi ? Est-ce que je me sens bien ? Est-ce que je me réalise ? »

La société doit nous permettre d'avancer vers nos aspirations en nous offrant des perspectives. En effet, si le rêve n'est pas permis, s'il n'y a plus d'espoir, le peuple baisse les bras. Et l'opposition des classes s'intensifie.

Se révolter, pourquoi pas ?

Les Gilets jaunes, par exemple, se rebellent car ils n'ont plus d'espoir. Voir cette énergie déployée chaque week-end pendant de longs mois me confirme que le pays sera bientôt prêt à se reprendre en main. La méthode était mauvaise. La vision, inexistante. Pas de vrai leadership. Mais l'énergie était bien là.

Inutile de casser des voitures, de briser des vitrines. Vous tapez sur vos semblables, comme un père énervé qui tape sur son propre enfant. La clé, c'est comme dans *Matrix* : ouvrir la conscience des gens pour qu'ils se sortent de leur situation. Je ne partage pas toutes les idées des Gilets jaunes, et surtout pas leurs méthodes, mais on peut comprendre ce ras-le-bol quand on voit les avantages du monde politique qui nous dirige. Secrétaires, assistants parlementaires, voitures de fonction… Quand on n'a rien et qu'on apprend qu'un ancien Président a le droit, toute sa vie, à des gardes du corps, un logement de luxe et une voiture, tous frais payés par les impôts des Français, cela semble pour le moins injuste.

En attendant, on vit en plein *1984*, le livre d'anticipation écrit par George Orwell en 1949.

Malgré les apparences, nous ne sommes pas dans une véritable démocratie, mais dans un système oligarchique : toute-puissance des pouvoirs politiques et des élites. Des gens travaillent au SMIC pour des héritiers qui gagnent des centaines de millions voire des milliards. Il faut repenser la redistribution. Selon moi, taxer quelqu'un qui crée de la valeur, qui recrute, qui participe à la croissance de son pays n'a aucun sens. Lui prendre 90 % de son argent à sa mort serait plus compréhensible. S'il a bien réussi, les 10 % restants suffiront largement à ses descendants. Et les cartes seront redistribuées : égalité des chances. Je préférerais largement ce modèle, car donner 34 % de tout ce que je gagne au cours de ma vie, c'est 34 % d'argent en moins à investir. Ça pourrait financer plusieurs start-up, qui elles-mêmes pourraient générer de la valeur. Un cercle vertueux.

Nous sommes à un tournant de l'histoire humaine. À deux doigts de la révolution des esprits et des systèmes politiques. Ça va devenir très intéressant. Je suis un capitaliste méritocratique et je veux vivre dans une démocratie égalitaire, libre, transparente et décentralisée. Ces valeurs se sont déjà imposées avec la blockchain et l'avènement du web 3. Le pouvoir n'y est plus concentré – la politique suivra. Il sera distribué à plusieurs personnes, et non plus détenu par un individu providentiel. Le Président sera un groupe de citoyens, comme Satoshi Nakamoto, qui n'était pas seul à créer le bitcoin, la première monnaie cryptographique. C'était un symbole. Une figure. Il faudra des patriotes qui ont connu le pire et le meilleur, la pauvreté et la richesse, la maltraitance et le bonheur. Un équilibre de destins qu'on rencontre dans le métro au quotidien.

Vive l'échec !

L'échec, tout le monde en a peur. Ce serait la pire chose qui puisse vous arriver. À l'école, il n'y a pas si longtemps, quand vous aviez un zéro, on vous mettait un bonnet d'âne, aujourd'hui on va vous mettre au coin, ou *a minima* mal à l'aise. Mais l'idée reste la même : il faut que vous goûtiez à l'humiliation. Vous allez peut-être récolter un avertissement à la fin du trimestre. Et vos parents vont se laisser convaincre par votre professeur de vous inscrire à un CAP. Le CAP, en soi, n'est pas un problème, à condition de l'avoir choisi. Mais comme voie de garage, c'est inadmissible. En cas d'échec scolaire, ce n'est pas forcément vous le souci. Un échec, c'est aussi un signal envoyé à vos professeurs : ils devraient passer plus de temps avec vous. Revoir leur manière d'enseigner. Se remettre en question. Ou alors il faut changer de métier. Loin de moi l'idée de déresponsabiliser complètement les élèves. Peut-être n'ont-ils pas bien révisé. Mais un zéro peut aussi sonner l'alarme chez un enseignant, lui indiquer qu'il est possible que tout ne se passe pas très bien dans la famille de l'élève.

La peur de l'échec vous conditionne à la servilité. Vous avez tellement peur d'échouer que votre volonté de tenter votre chance est étouffée. Je vois souvent des personnes, brillantes ou pas, faire de belles choses autour de moi. Elles se sont lancées, advienne que pourra, elles ont osé commencer. Le simple fait de tenter sa chance permet d'évoluer, d'apprendre, et de progresser. L'échec n'est pas un point final. Il faut juste l'accepter. Apprendre de ses erreurs. J'adore l'échec. Des ratés, j'en ai connu un certain nombre toute ma jeunesse. Pendant dix ans, je les ai vraiment enchaînés.

Mais chaque fois j'avançais, c'était un pas en avant. Vous finissez par surmonter vos peurs, vos doutes, vos complexes.

Surtout, vous commencez à vous écouter et à suivre votre instinct. Même s'il va à l'encontre de la bienséance. On en reparlera, mais je n'accepte que très rarement des invitations à déjeuner ou dîner. Pour moi, cela constitue une perte de temps qui nuit à mon travail. Pourquoi le ferais-je, pour sembler normal ? Mais qu'est-ce que la normale, sinon ce qui vous convient à vous ? On vous reproche d'être bizarre ? Cultivez cette différence. Assumez celui que vous êtes. Faites-en votre plus grande force.

Cette force vous soutiendra si un jour vous échouez dans votre projet et que vous avez à affronter les rouages des textes de loi de notre société. L'échec n'est pas valorisé en France. Quand vous faites faillite, une mécanique se met en place : vous êtes fiché, il vous est presque impossible de redémarrer une activité car vous ne pouvez plus ouvrir un compte bancaire. Et pensez-vous que l'on tienne compte de la valeur que vous avez créée avant que votre entreprise ne périclite ? Même si vous avez généré plusieurs dizaines de millions, développé des emplois, on n'accordera aucun crédit au potentiel que vous avez, au fait que oui, vous pouvez être un bon entrepreneur. Non, au lieu de vous encourager, on préférera se focaliser sur le verre à moitié vide... Neuf start-up sur dix échouent ? Ce n'est pas grave, parce qu'une start-up qui réussit peut en financer cinquante autres !

Alors persévérez toujours ! La patience est l'antidote de l'abandon. Et la persévérance va avec la résilience : puisque vous échouerez beaucoup, soyez capable de vous relever souvent. Dans la joie et la bonne humeur ! Dites-vous que votre passion est une addiction saine. Prendre du plaisir dans son obsession, s'acharner... c'est se régaler. Être en vie. Se sentir vibrer. Ne rien lâcher tant que l'on n'a pas atteint son objectif !

Bien choisir ses amis, chouchouter son équipe

Pour réussir, il faut bien s'entourer. Mieux vaut être seul que mal accompagné. Tant que vous ne trouvez pas les bonnes personnes, soyez capable de vous suffire à vous-même. Pendant longtemps, j'ai été solitaire. J'aurais préféré avoir une famille aimante, qui m'aide. L'homme est un animal social, il a parfois besoin d'être soutenu. Dans mon parcours, j'ai connu de vraies périodes de solitude. *Seul au monde*, totalement. La chanson de Corneille raconte très bien cette expérience, lorsque l'on n'a personne sur qui compter.

J'ai déjà parlé de Mélanie. C'est à vingt ans que je l'ai rencontrée. Mélanie est la première personne à s'être réellement intéressée à moi. Très vite, elle cerne qui je suis vraiment, lit en moi comme dans un livre ouvert, elle semble comprendre le mécanisme de ma pensée. Non seulement elle me tempère, mais elle me donne aussi foi en moi. « Tu es intelligent et tu vas faire de grandes choses. » Quelqu'un qui me valorise ? Le choc passé, on se met ensemble, on se complète parfaitement parce qu'au bout du compte on ne forme plus qu'un cerveau. On quitte Bordeaux pour nous éloigner de nos familles pathogènes et on s'installe à Paris. Avec Mélanie, je décolle. Alors que j'ai entendu toute ma vie des gens me dire « C'est impossible », elle me répète « Fonce ». Je réalise que je ne suis pas seul, que j'ai du potentiel, et qu'on compte sur moi pour m'accomplir. À partir de là, tout change : nous n'avons pas le droit de décevoir ceux qui croient en nous. Nous devons leur prouver qu'ils ont eu raison de nous soutenir.

Mélanie m'a suivi dans Feed. Elle est aujourd'hui mon bras droit. Sans elle, je n'aurais rien fait. Je lui donne des parts dans tout ce que j'entreprends. Je lui serai toujours redevable. Pour vous aussi, il existe quelque part une personne qui croit en vous et peut vous donner des ailes.

Les personnes bienveillantes sont faciles à reconnaître : elles ne sont pas dans la jalousie mais dans le partage. Elles vous tirent vers le haut. Il est vrai que dans la jungle humaine les pathogènes de toutes sortes, à commencer par les pervers narcissiques, sont légion. Dans les couples, les familles, au travail, à la salle de sport… Ces personnes ont l'impression de s'élever en vous rabaissant, de façon insidieuse le plus souvent. Elles cherchent à vous éteindre pour rayonner à vos dépens. Souvent par manque de confiance en elles-mêmes. Fuyez-les.

Une belle personne ne cherche pas à jeter l'ombre sur les concurrents : elle attire la lumière sur elle. Et c'est exactement à cela qu'il faut aspirer en créant sa propre marque. Quand vous lancez une campagne de publicité, l'idée n'est pas de dénigrer les adversaires, mais de transmettre un message positif auquel vos clients pourront s'identifier. Leur expliquer pourquoi ils devraient acheter chez vous, pourquoi votre marque fait sens. Elle aide les jeunes à réaliser leur projet ? Elle incarne la révolution que vous souhaitez mettre en marche ? Vous voulez placer la méritocratie au centre du pays ? Autant de bonnes raisons pour soutenir une marque en achetant ses produits.

J'aime l'image du sac à dos qu'on porte toute la vie. Il est lourd de nos expériences et des personnes qui nous accompagnent. On marche, la vie est longue, un vrai marathon. Pire, une course fractionnée. Par moments, on doit courir très vite, à d'autres, ralentir. Parfois s'arrêter, et attendre le bon moment pour repartir. L'occasion pour reprendre des forces, mais aussi pour faire le tri dans notre sac de ce qui peut nous encombrer. On fait le point sur notre vie, notre famille, nos amis, nos relations. Et on s'aperçoit que certains nous pèsent plus que d'autres, nous ralentissent ou nous empêchent d'avancer, que chaque jour davantage la nécessité de s'en séparer se fait sentir. Faites-le. Vous verrez, votre sac sera plus léger, votre course, plus facile. Vous irez de l'avant.

Sur le plan professionnel, il est tout aussi capital de se constituer une équipe alignée sur vos valeurs. Les diplômes et les expériences précédentes n'ont pas une importance majeure. Ce qui compte, c'est l'énergie qui va se déployer pendant l'entretien d'embauche : la personne est-elle passionnée ? Ses yeux brillent-ils ? Est-ce que sa voix vibre ? A-t-elle fait cinq heures de train pour venir vous voir ? Ce sont des indices, du langage non verbal, qui vont vous aider à décrypter la personne en face de vous. Et si vous êtes le candidat, soyez proactif. Ça plaît toujours.

Au lancement de Feed., j'ai recruté un ingénieur agroalimentaire qui est devenu chef de produit. Les autres candidats avaient pourtant sur le papier un meilleur profil : des postulants qui avaient fait leurs armes chez Danone, chez Nestlé, et qui sortaient de grandes écoles. Ce qu'on appelle des tiers 1. L'homme en question différait en tous points. J'avais minutieusement étudié son dossier juste avant le rendez-vous. Un recruteur normal ne l'aurait pas reçu, car il ne rentrait pas dans les cases.

Je le vois en entretien. Il arrive à l'heure, avec un énorme sac. Cela avait été tout un périple, alors qu'il habitait en Vendée, pour venir jusqu'à moi, il avait dû se lever très tôt. Mais il me montre une belle énergie, commence à me parler de ses idées. Avant même d'être embauché, il avait déjà réfléchi à des produits qui auraient du sens pour faire évoluer notre gamme.

Je le laisse parler. Je l'observe. Il me fait trois ou quatre propositions sur lesquelles il travaillait. Les recettes sont prêtes, il a trouvé des fabricants, des idées de packaging… En fait, il a bossé. Il s'est donné à fond, il était motivé, sans avoir aucune garantie d'être pris. On l'a recruté. Une perle. Plusieurs sociétés ont essayé de le débaucher depuis. Mais il est fidèle et nous partageons une relation de confiance réciproque. Il sait qu'il peut compter sur moi, et inversement.

Si vous devez passer un entretien d'embauche, concentrez-vous sur trois ou quatre entreprises maximum, celles qui vous plaisent vraiment. Inutile de perdre de l'énergie en vous dispersant. Quand vous contactez vos cibles ou que vous allez à l'entretien, montrez que vous avez travaillé. Prouvez que vous êtes passionné. Que c'est un plaisir pour vous de passer du temps sur ces sujets.

Aujourd'hui, il existe encore des sociétés où le salaire du P-DG est trois mille fois plus élevé que le salaire le plus bas. Affligeant. Chez Feed., le multiple est de trois ou quatre, en fonction des moments : je n'ai pas envie de dépenser l'argent de l'entreprise pour moi. Je préfère payer correctement mes équipes et leur donner des parts de la société, l'équivalent de quatre ans de salaire à chaque nouveau CDI. Ainsi, chacun a intérêt à ce que le chiffre d'affaires monte, puisque nous sommes tous actionnaires. Partager les gains est indispensable si vous voulez motiver les gens. Mes meilleures recrues ne sont pas de simples salariés de Feed., ce sont mes partenaires. Pour ce projet, et pour les prochains.

Une équipe bien conçue est une équipe cohérente : on ne fait pas rentrer des ronds dans des carrés. Si vous avez un doute sur une personne dès le début, en général ça ne marchera pas. Vous pouvez faire confiance à votre intuition. Si une personne n'est pas alignée avec vos valeurs, cela ne marchera pas. Et c'est valable dans les deux sens. Si vous sentez que vous ne serez pas épanoui dans cette entreprise, ne perdez pas de temps. 70 % des personnes recrutées savent dès le premier jour si elles seront heureuses ou non.

L'action mène à la stratégie, pas l'inverse. Fuyez aussi les profils trop cérébraux qui réfléchissent plus qu'ils n'agissent : vous créez une start-up, pas un gouvernement. Il vous faut des personnes qui agissent et qui exécutent. Comme en amour, les mots ne prouvent rien. Ne dites pas « Je t'aime » : prouvez-le.

Les liens, c'est le ciment. Vous devez être fiable, honnête et juste avec votre équipe. Les gens qui vous entourent le seront avec vous en retour. Vous dites ce que vous faites, et vous faites ce que vous dites. Si vous respectez ces principes, vous aurez plus que des salariés, vous aurez une armée. Elle vous fera gagner la guerre. L'entrepreneuriat est un combat. La vie aussi.

– 4 –

Le bon état d'esprit

La marge d'évolution est infinie,
parce qu'il y a toujours de nouveaux sujets.
Surtout quand on est un passionné.

Être soi

Beaucoup de gens pensent vous connaître mieux que vous-même. Ils veulent décider à votre place. Vous imposer leur avis. Ne les écoutez pas. La plupart du temps, ils projettent leurs propres désirs. Leurs peurs aussi. Même quand vous avez réussi, des personnes trouvent judicieux de donner leur opinion, quand bien même elles n'ont rien fait de leur vie : « Anthony, ne reste pas enfermé dans ton bureau toute la journée. Ce n'est pas bon pour toi. Tu devrais sortir, profiter de la vie, faire le tour du monde, aller au restaurant plus souvent... »

C'est vrai. Je refuse la plupart des rendez-vous physiques pour privilégier les visios, et je l'assume : bien calé dans mon fauteuil, à l'abri du bruit, concentré sur ce que je fais, j'ai les sens aux aguets. J'entends tout, je sens tous, je vais tout retenir, je peux prendre des notes. Et en plus, j'évite des heures de déplacement chaque semaine. J'adore enchaîner toute la journée et travailler dur, intensément. Parce que j'aime ce que je fais.

Je n'ai jamais écouté les conseils des autres, je me connais assez pour savoir quel mode de vie me convient. Apprenez à vous connaître. Prenez confiance en vous. Et vous saurez exactement ce que vous devez faire. N'ayez pas peur d'être marginal, c'est bon signe.

C'est quoi, être « normal » ? C'est un mot. Un mot que je déteste. La normalité est la force du plus grand nombre. Souvent une force d'inertie. Il ne s'agit pas de se fondre dans la masse. Ceux qui ont réussi autour de moi ne sont pas normaux. Ils sont singuliers. Ils sortent du lot. Le tout, c'est d'assumer sa différence. D'en faire un atout. Trouver sa norme. Forger son identité.

S'appuyer sur son éducation. Mais aussi la remettre en question.

Dès notre plus jeune âge, on nous apprend à ne pas nous écouter. Exemple : « Finis ton assiette ! » On nous a formatés à nous sentir coupables de ne pas la finir. « Quelle honte de gaspiller quand des enfants meurent de faim dans le monde ! » En réalité, terminer son assiette n'est pas forcément une bonne idée. Si on n'a plus faim, il faut arrêter de manger. Notre corps nous envoie un message. Un Français sur cinq est obèse. Un sur deux est en surpoids. Ils auraient dû apprendre à s'écouter et à se réguler.

Évidemment, si un enfant est de santé fragile ou maigre, l'encourager à manger se justifie. Mais pas au point de le rendre malade. « Ne pas gâcher » fait partie de ces normes auxquelles on devrait se soumettre sans réfléchir. Sous peine de rester puni à table tant que l'assiette n'est pas terminée. Réfléchir, écouter son corps, c'est mieux. Ne pas se conformer aux attentes de la société, c'est souvent bon signe. Soyez fort. Être libre, c'est ne pas céder à la normalité.

Autre exemple, personnel. En ce moment, je recrute une conseillère en communication externe. En free-lance. J'hésite entre trois candidates. Toutes veulent qu'on se rencontre physiquement, qu'on aille prendre un café, qu'on déjeune. Je ne fonctionne pas de cette manière : je n'ai pas besoin d'un *lunch* avec les gens pour les connaître. Ça ne va pas nous aider à mieux travailler ensemble. Une heure de trajet aller-retour, une heure à engloutir de la nourriture pendant que nous parlons. Sans pouvoir prendre de notes. Deux heures de moins pour faire autre chose. Je connais quantité de gens qui font des déjeuners chaque jour. Imaginez le temps perdu. Ils vous diront toujours que ça fait partie de leur travail. En réalité, jamais ils ne seront les meilleurs de leur profession. Pendant qu'ils font des notes de frais, leurs concurrents prennent de l'avance. Aucun métier ne nécessite de déjeuner tous les jours dehors.

Le temps, c'est de l'or. Une des seules choses qu'on ne peut pas acheter. C'est pour ça qu'il faut être capable d'imposer sa vision aux autres, même si elle s'oppose aux usages. Tenir sa ligne, c'est dur. Il y aura toujours quelqu'un qui essaiera toujours de vous convaincre du contraire. Vous le remarquerez : plus les gens vous prodiguent des conseils, moins ils réussissent leur propre vie. Creusez votre sillon, vous pouvez vous faire confiance. Vos vrais proches sauront vous guider si vous en avez besoin.

S'écouter est essentiel pour être plus performant. Prenons les besoins vitaux. Il faut les connaître et les respecter. Certains ont besoin de dormir douze heures. D'autres, trois ou quatre. Je me lève assez tard : 8 h 30. On attendrait d'un P-DG qu'il se lève à 6 heures du matin. Qu'il fasse une session de yoga avant son petit déjeuner cétogène – le régime lipidique est à la mode – et qu'il arrive au bureau avant tout le monde en écoutant un podcast d'Elon Musk. Si ça lui convient, très bien. Mais ce n'est pas nécessairement un modèle à suivre. Trouvez ce qui fait sens pour votre corps et votre esprit. Les moyennes et les normes, ça ne marche pas. Vous êtes unique. Un écosystème à vous tout seul. Écoutez-vous, et fabriquez vos propres règles.

J'ai besoin de huit à neuf heures de sommeil par jour. Pour dormir, je prends de la mélatonine car mon cerveau tourne trop, je réfléchis tout le temps. Dès que je ferme les yeux, les bonnes idées arrivent, comme si elles attendaient depuis deux heures, dissimulées, pour surgir au pire moment. Obligé de prendre mon téléphone, de tout noter, de ranger mon téléphone, de me recoucher, de fermer les yeux. Et d'autres idées reviennent. Contraint de reprendre mon téléphone. Bref, sans mélatonine, ça peut durer des heures. Je n'ai pas le sommeil facile. J'ai toujours rêvé de m'endormir sur commande comme ceux qui s'abandonne instantanément au sommeil en arrivant dans l'avion ou le train. Mais c'est ainsi : chacun son rythme. En particulier son rythme de travail.

Je ne m'impose pas d'arriver à 8 h 30 au bureau. J'aime télétravailler. Et je propose à toute mon équipe de faire pareil. Il faut savoir faire confiance et simplifier la vie de ses collaborateurs.

Certains font du sport le matin, avant de manger, d'autres préfèrent le soir, après dîner. Il s'agit de se comprendre, de savoir ce qui nous fait du bien personnellement. La société ne nous incite pas assez à nous écouter. Pourtant, c'est un gain de temps et d'efficacité incroyable. Et ça ne veut pas dire sacrifier le plaisir. Au contraire.

Si vous aimez les livres – c'est mon cas – parce que vous voulez apprendre et que vous appréciez le calme, faites-vous plaisir. Je passe une grande partie de mes week-ends au lit :

repos et bouquins. Ça me plaît, ça me suffit. Je me ressource et je recharge les batteries. Pas besoin d'enchaîner les activités, les sorties, les restaurants, les cinémas, les musées. Ça me fatigue inutilement. S'écouter pour savoir ce qui est bon pour soi.

Respecter ses limites

Les limites du corps, du mental. Parfois, elles se rejoignent. Pas d'esprit sain sans corps sain, et réciproquement.

Quand je vais chez le médecin, la majeure partie du temps, je sais d'avance ce que j'ai. Parce que je me suis écouté. Alors, je reconnais les symptômes des petites maladies qui reviennent souvent. Je connais aussi leur impact sur moi. Quand elles arrivent, je prends des notes pour apprendre à mieux les reconnaître et à mieux m'en occuper. Avec l'aide du médecin, bien sûr. Chacun son métier.

Quand je mange quelque chose qui ne me convient pas, qui réduit mon efficacité au travail, qui me ballonne, là aussi je prends des notes. J'apprends à me connaître au fur et à mesure. Chaque année est pleine de découvertes : les aliments qui me réussissent, ceux qu'il faut que j'évite, comment ne pas avoir mal à la tête… L'alcool, par exemple, ne me réussit pas du tout. Les gens vous dévisagent quand vous refusez du vin et vous demandent pourquoi, mais ne perdons pas de temps à nous expliquer. Servons-nous de l'eau.

En sport, si un mouvement enflamme votre tendon, vous allez vous arrêter pour ne pas vous blesser. Parce que c'est votre limite. Votre limite n'est pas la même que celle du voisin. Il ne peut pas vous servir de référence. Ne cherchez pas à l'imiter. Respectez votre corps, écoutez votre mental, ils vous diront où sont vos limites.

Ça vous évitera un burn-out. Cet épuisement lié au stress chronique. Je suis toujours à la frontière. Je sais très bien où cette limite, la mienne, se situe. C'est une crête et je marche dessus en faisant de l'équilibrisme. Des médecins me disent que j'ai déjà basculé, parce que ma tension est élevée, ou que je n'ai plus de mémoire à court terme. D'autres considèrent que des individus peuvent vivre sur le fil du rasoir du burn-out. Ce sont des acrobates qui marchent au-dessus du précipice. Sans filet. Mais ils supportent le vertige. C'est à ce niveau élevé de stress, qu'ils tolèrent très bien, qu'ils sont le plus performants. Ils ont besoin de cette adrénaline pour être efficace, et se dépasser.

Le tout, après avoir trouvé sa limite, est de s'y maintenir aussi longtemps que possible. Je suis efficient dans ces conditions difficiles. Je ne dis pas qu'il faut suivre mon exemple. Surtout pas. (C'est *ma* limite.) Je dis juste que je la connais précisément et je vous conseille d'en faire autant. La douleur est un moteur pour moi. Mais à un niveau que je connais et que je maîtrise. Avant un événement important, je vais déborder d'adrénaline, friser l'effervescence. Écouter *Tallac*, de Booba, est devenu une habitude quand je pars au combat. Ça me permet d'entrer en phase de concentration profonde. J'ai besoin de me mettre dans cet état de tension extrême pour être bon. À ce niveau de pression, je vais enchaîner et réussir des rendez-vous importants. Des moments clés qui vont déclencher quelque chose. Ma frénésie aura été payante. Mais attention, pas question de mettre deux semaines à se relever. Ne jouez pas avec le burn-out.

Plusieurs de mes amis ne s'en sont pas remis. Ils sont allés trop loin, trop vite. Ils ne s'étaient pas testés. Certains ont été rincés et n'ont absolument plus d'adrénaline dans le corps. Une fois que tu t'es écrasé, se relever est très dur. Très long. « Connais-toi toi-même », disait Platon. Chercher sa limite, mais se donner le temps de la trouver. Quand vous vous y serez confronté, repoussez-la en douceur, pour déployer progressivement votre potentiel. C'est comme le ski. Si vous ne tombez pas, c'est que vous n'êtes pas assez agressif. Peut mieux faire. N'en faites pas trop non plus. Mais si vous ne prenez pas un minimum de risques, vous ne pouvez pas identifier votre limite. Testez-vous. Évoluez. C'est la clé. Et vous finirez par avoir toujours envie de vous améliorer. Physiquement, intellectuellement. La marge d'évolution est infinie, parce qu'il y a toujours de nouveaux sujets. Surtout quand on est un passionné.

Ne pas craindre la nouveauté

La philosophie de la blockchain est parfaitement alignée avec ce que je défends : décentralisation du contrôle, transparence, traçabilité... C'est une véritable revanche de la jeunesse. Après la crise financière globale de 2008, des tonnes de billets sont imprimés et l'inflation est à 0. Aucune croissance économique. Conséquence, aucune banque ne prête de l'argent aux jeunes diplômés et les investisseurs professionnels ne prennent plus de risques. Même la Silicon Valley devient peureuse et préfère consolider. La concentration des richesses est plus forte que jamais et la nouvelle génération est de plus en plus pauvre. Elle va donc créer sa propre opportunité économique puisqu'il est impossible de réussir dans ce système maîtrisé par les élites et l'ancien monde. La blockchain est née. Son utilisation est tellement compliquée qu'elle est quasiment impossible à comprendre pour quelqu'un de plus de 40 ans. Une économie parallèle, contrôlée par les jeunes, se crée.

Après avoir dévoré tout ce qui concerne la blockchain et les cryptomonnaies – et y avoir gagné beaucoup d'argent et perdu des sommes indécentes ! –, ma soif de connaissances continue de grandir, et maintenant je creuse les *play-to-earn**, le métaverse*. Zuckerberg, le fondateur de Facebook, s'y est mis, il a rebaptisé sa marque Méta. Signal fort. La réalité commence à rejoindre la fiction : le métaverse est le monde virtuel du web 3. Je lis tout ce qui le concerne.

Se perfectionner sur les sujets porteurs permet d'avoir un coup d'avance. Vous explorez, vous devenez expert, les gens s'appuient sur vos connaissances, parce qu'ils n'ont ni l'énergie ni l'envie de les assimiler.

Mais quand on explore un domaine, il faut le faire de manière organisée : je lis un livre, je prends des notes, je fais des fiches. Une fois ma lecture terminée, je laisse reposer deux semaines, le temps de digérer ces nouvelles connaissances. Et je relis mes notes. L'information est absorbée. Faire ce que les autres n'ont pas envie de faire. Il y a sûrement un créneau. C'est sûr, personne n'a envie de lire un pavé de cinq cents pages sur le métaverse. Surtout en anglais puisque aucun auteur français ne s'y est encore intéressé. Faites-le. Rien ne doit vous arrêter. Allez au bout de votre envie. Soyez déterminé. Les cinq cents pages de métaverse vous seront utiles : vous pourrez créer du contenu simplifié, vulgarisé, pour vos sites et vos réseaux sociaux. Vous vous créerez une communauté reconnaissante qui vous suivra et vous portera.

Quand j'ai compris le fonctionnement du métaverse, je ne me suis pas cantonné à sa philosophie. J'ai essayé d'imaginer les applications pratiques que cette nouvelle technologie pourrait offrir : créer une *marketplace** de vêtements NFT (*non fungible token*), par exemple, pour le métaverse et le monde digital. Je fais le pari que bientôt nous n'achèterons quasiment plus de vêtements. Nous nous limiterons à de simples habits/combinaisons quotidiens, et y apposerons des filtres, visibles à l'aide des lunettes connectées que nous porterons tous, et qui permettront de projeter les vêtements digitaux en réalité augmentée. Une chemise, par exemple. Elle ressemblera à une vraie chemise, sauf qu'elle sera digitale, et qu'en un seul clic elle changera de couleur, de col, de boutons... Comme les faux arrière-plans utilisés pendant nos visios (bibliothèque, plage, flou...). Vous pourrez acheter des vêtements pour vos avatars, mais aussi les utiliser dans le monde réel (grâce aux lunettes) ou comme filtre sur les réseaux sociaux. Une expérience phygitale (physique + digitale).

Vous pourrez aussi créer votre propre ville dans le métaverse, acheter des terrains et négocier des œuvres d'art NFT que vous pourrez afficher dans votre maison virtuelle. Les traders ne portent plus de Rolex Daytona, mais des Apple Watch avec un crypto punk en fond d'écran.

Je travaille d'ailleurs sur une collection de NFT qui offrira à ma communauté des possibilités incroyables. N'ayez pas peur de la nouveauté. Comprenez-la. Utilisez-la à votre avantage.

L'innovation, je ne suis ni pour ni contre. Simplement, elle est là. Il faut faire avec. La blockchain ? Le métaverse ? Lutter contre les changements inexorables ne sert à rien. Mieux vaut se demander dans quel sens on peut les faire évoluer. En profiter. La curiosité me semble toujours préférable à l'inquiétude. On a tous entendu des gens s'alarmer : « Tu te rends compte, avec le monde virtuel, il n'y a plus de rapport avec le réel ! Tu imagines, on va vivre au travers d'un écran… » En effet. C'est ce qui va se passer. C'est ce qui se passe déjà.

Beaucoup d'entre nous travaillent déjà à distance, font des réunions en visioconférences, passent plus de temps sur leurs réseaux sociaux qu'avec leurs amis dans la vraie vie. Les applications de dating ont remplacé la séduction traditionnelle. Nous vivons déjà dans un métaverse. Entre le digital et le monde réel. Nous sommes déjà des avatars. Des personnes différentes en fonction des réseaux ou des situations. Sur Facebook, on met des photos de famille. Sur Instagram, on affiche ses vacances, sa voiture, ou son corps de rêve pour montrer que l'abonnement à la salle de sport a porté ses fruits. Vous n'êtes pas la même personne sur Slack que sur TikTok. C'est le principe même d'un avatar. Se métamorphoser en fonction des besoins. Avoir des identités différentes interchangeables. Pourquoi dans ce cas avoir peur du métaverse ? C'est simplement le prochain stade. Plus pratique parce que sans limites. Changer quand on le souhaite. Modifier sa vie à l'envi. Spielberg en parle très bien dans son film *Ready Player One*. Le personnage principal habite un bidonville crasseux, il est pauvre, quelconque. Dans le métaverse, il devient un héros qui se met au service de valeurs fortes : le partage, la fraternité. En progressant dans le métaverse, ces valeurs ont une influence dans le monde réel, qu'il rend meilleur.

Un avatar n'est pas définitif. Vous allez l'optimiser. Quand j'étais jeune, j'aurais privilégié un personnage en costume-cravate, très stylé, un homme d'affaires. Si vous adorez le sport et que vous regardez l'UFC (Ultimate

Fighting Championship) le samedi soir, vous allez sans doute opter pour un avatar costaud. Le dur à cuire. Si vous êtes un excentrique qui cultive une image onirique, ce sera peut-être une forme chimérique. Le monde virtuel vous permet d'être plusieurs personnes à la fois. Votre imagination est la seule limite.

L'Anthony d'aujourd'hui n'est plus celui d'hier. J'ai appris. Mes expériences m'ont rendu meilleur et me rapprochent de mes rêves. À trente-trois ans, je suis meilleur qu'à vingt-cinq. À vingt-cinq, j'étais meilleur qu'à dix-huit. C'est la même chose pour nous tous. La meilleure école est celle de la vie. Façonner son intelligence, soigner son hygiène de vie. Je mange mieux aujourd'hui qu'il y a cinq ans. Je ne bois plus d'alcool. Je dors mieux. Moins de voitures, moins de montres, moins d'ostentatoire. J'essaie de pratiquer du sport régulièrement, d'avoir des relations de couple plus épanouies, plus stables, plus calmes. Évoluer sans jamais être satisfait de soi-même, ni de ce qu'on possède, ni de ce qu'on a déjà accompli. C'est un point commun chez les personnes qui ont fait de grandes choses : elles en veulent toujours plus. Le chemin ne s'arrête pas. Se développer, toujours.

Être une éponge et un caméléon

Évoluer, c'est croire en ses capacités. Ne pas douter… et toujours douter. Il faut trouver un équilibre entre le doute et la confiance en soi pour grandir. Le bon doute vous fait avancer. Le mauvais vous paralyse. Le manque de confiance en soi et la défiance du monde extérieur vont avoir tendance à vous paralyser. Dépassez-les. Il ne s'agit pas de se survaloriser. Plutôt de se juger à sa juste valeur. Se faire confiance. C'est un cercle vertueux. Plus vous apprenez, plus vous vous améliorez dans votre domaine. Plus vous vous perfectionnez, plus vous avez confiance en vous, plus vous êtes curieux, plus vous apprenez. Ce qui ne vous empêche pas d'assumer vos faiblesses : elles révèlent votre humanité.

Alors intéressez-vous à ce qui vous entoure. La curiosité vous garde éveillé, vous permet d'avoir un coup d'avance sur votre projet. C'est elle aussi qui vous donne faim, faim de connaissances : vous allez vous nourrir de tout ce qui concerne votre secteur. Lire des livres, écouter des podcasts, regarder des vidéos. Être curieux, c'est également aller chercher au-delà de ses centres d'intérêt. Se frotter à plein de sujets différents, muscler sa culture générale, voir au-delà des apparences. Ça vous permet aussi de prendre la parole dans n'importe quel cadre, quelle que soit la thématique, avec tout le monde. Apprendre à parler à tous les milieux et à tout absorber.

Pour avoir le goût d'apprendre, il faut découvrir ce qui vous convient, et ce qui ne vous correspond pas. Ce ne sont sûrement pas vos parents ni vos professeurs qui sont en mesure de vous dire ce qui est bon pour vous. Pour une raison simple : ils ne sont ni dans votre tête, ni dans votre corps. Les autres ne ressentent pas la même chose que vous. Écoutez leurs conseils s'ils vous semblent constructifs, mais ne laissez personne décider à votre place. En revanche, absorbez tout ce que les autres peuvent vous apporter. Leurs expériences, leurs connaissances… Il faut être à la fois une éponge qui s'imbibe et un caméléon qui s'adapte.

Un proche, interviewé par un média, disait de moi :

Il absorbe littéralement tout ce qui l'entoure. Il sait sélectionner, immédiatement, ce qu'il y a de bon chez les gens et laisser le mauvais de côté. Certains diront qu'il presse les gens comme des citrons, et qu'il les jette quand ils n'ont plus de jus. Ce n'est pas tout à fait vrai. C'est simplement qu'il pousse les gens à toujours se dépasser. À partir du moment où vous ne faites plus d'efforts pour vous améliorer à ses côtés, que vous vous reposez sur vos acquis, alors il cherchera de nouvelles personnes ambitieuses pour l'accompagner dans son périple de vie.

Il ne s'agit pas d'être prétentieux, mais de montrer que, vu de l'extérieur, je peux sembler extrême. Et je le suis. Soyez obsessionnel. Non, on ne va pas presser les gens comme des citrons. Juste tirer parti de leurs qualités, parfois en les leur révélant. Nous avons mieux à nous apporter que du vide. Mutuellement. Nous avons tous à y gagner. De l'argent, du travail, du rire, de la joie… c'est sans limites. Si un proche nous fait rire, que nous passons de bons moments tous les deux, dîner ensemble en vaut la peine. C'est de l'énergie positive. Une fabrique à souvenirs.

Je repense à un déjeuner – ça m'arrive quand même quelquefois ! – avec une copine qui travaille dans les bijoux et les pierres précieuses. Un milieu que je ne connaissais pas. Je lui ai posé des questions pendant deux heures.

Maintenant je sais quelles sont les pierres les plus chères, les plus poreuses, à quoi on reconnaît un diamant de mauvaise qualité, où est-ce qu'il faut l'acheter et quelles formes privilégier. C'est le côté éponge, éponge passionnée.

Le côté caméléon, c'est l'adaptation. Vous ne parlez pas de la même manière à un journaliste, à un entrepreneur ou à un bénévole dans une fondation. Vous changez de vocabulaire, et parfois d'intonation. Votre langage non verbal aussi s'adapte. Quand je lève des fonds, je ne parle pas du tout de la même manière d'un VC (*venture capitalist**) à un autre. Dans certains cas, je vais proposer un Anthony très agressif. Parce qu'ils l'attendent. On sent ce genre de chose. En l'occurrence, ils veulent un exalté qui leur vend du rêve. Je m'adapte. D'autres veulent exactement l'inverse. Du sens. Une réflexion. Les chiffres ne sont pas leur priorité. Ils aspirent à un apport sociétal. Transformation. À l'un, vous parlez chiffre d'affaires (des milliards si possible), à l'autre, de mission sociale.

Quand vous prenez la parole, il importe aussi d'avoir l'esprit de synthèse et de simplification. Beaucoup de gens pensent impressionner le monde en affichant leurs connaissances ou en parlant d'une manière très technique. Faites l'inverse : simplifiez ce que vous maîtrisez afin de le rendre accessible à tous. L'idée n'est pas que les gens vous vénèrent parce qu'ils n'entendent rien à ce que vous racontez. Au contraire, ils doivent vous comprendre très clairement pour pouvoir s'approprier ce que vous leur offrez. Et s'identifier à vous. Ce qui est impossible si vous vous mettez sur un piédestal. Soyez simple quand vous parlez. Apprenez à communiquer avec les très riches comme avec les pauvres. Soyez à l'affût. Aiguisez votre flair. Reniflez ce qu'on attend de vous. Et faites-le.

Pour bien détecter les attentes des uns et des autres, là encore, rien de tel que d'écouter son instinct. Ne perdez pas votre temps quand vous avez des réserves sur quelqu'un. Vous lui éviterez aussi d'en perdre avec vous. Le feeling n'est pas une science exacte, mais dans la plupart des cas il saura vous guider. De la même manière, quand vous sentez qu'un collaborateur veut vous quitter, ne le retenez pas. Laissez-le s'envoler. Il vous a été fidèle pendant plusieurs années, il ne vous a jamais trahi ? Ça ne l'empêche pas d'avoir envie de changer de vie. C'est son chemin, son évolution, ne lui mettez pas de bâtons dans les roues. Entourez-vous de ceux qui sont dans votre état d'esprit. Qui partagent votre envie de vous dépasser.

– 5 –

Promesse, mission, valeurs

Comme un écho qui se propage [...]
on crée une onde de choc derrière soi.

De la nécessité d'une marque forte

Les gens n'achètent pas seulement un produit, ils achètent une marque. Une histoire. Des valeurs. Vous devez créer quelque chose de grand, une marque si forte que les gens la voudront, même s'il y a des produits équivalents moins chers. La marque est le vrai déclencheur de l'achat. Le produit vient après. Il doit être bon, mais la première intention, c'est la marque. Une identité puissante, de l'émotion, du sens. Autant de critères que recherchent les grands groupes industriels quand ils investissent dans des start-up. La marque leur permet de faire passer des messages et de toucher de nouvelles communautés de consommateurs.

Une marque doit être le prolongement de la personnalité du fondateur. Un amplificateur de message personnel. Un levier pour sa mission de vie. Alors, pour viser juste, c'est important de bien se connaître. Pas de marque solide sans identité assumée. « Connais-toi toi-même. » Oui, encore Platon. Il faut faire une introspection en profondeur. Connaître ses forces, ses failles, ses envies. Mais surtout trouver la ligne directrice qui va vous guider pendant les prochaines années : votre Why.

Qui suis-je ? Quel est mon message ?

Vous devez poser votre *plateforme de marque*. C'est un outil qui vous aidera à définir trois clés essentielles : la promesse, la mission, les valeurs.

Commençons par la promesse. Elle est votre objectif ultime. Le rêve inaccessible, ou presque. La promesse, c'est la raison d'être de votre projet. Par exemple, chez Disney c'est « offrir du bonheur ». Chez Feed., c'est la révolution : remettre la méritocratie au centre de la société. Donc le dépassement de soi. Vous l'aurez compris, la marque est reliée au sens profond de votre vie. Qu'est-ce qui vous anime ? Quel est l'enjeu le plus personnel qui vous tienne à cœur ? La promesse est un combat philosophique. Le Why. Le plus important n'est pas d'atteindre cet objectif, mais plutôt d'apprécier les étapes qui vont vous y mener. Le voyage. Vous devez pouvoir vous dire, sur votre lit de mort : « J'ai fait mon maximum pour y arriver. Je n'ai aucun regret ! »

Ici, le matériel n'a pas sa place : on ne parle pas d'argent. Celui-ci n'est pas votre promesse, seulement un moyen. Vous poser les bonnes questions vous permettra, petit à petit, de prendre conscience de votre Why. Et donc de votre promesse.

La mission doit expliquer ce que vous vendez/offrez en quelques mots : c'est déjà plus mercantile, moins philosophique. Chez Feed., notre mission est de proposer de la nutrition pour tous les moments de la journée. Pour permettre à tous de se dépasser, de s'extraire de ce qui nous retient et nous empêche : on retrouve l'idée de révolution. De dépassement de soi. Prendre son envol, s'élever, faire plus et mieux, réaliser son potentiel. Prendre son destin en main grâce à de la nutrition pratique et équilibrée. La mission est donc plus concrète. Mais on reste dans un enjeu personnel et profond. Il est simplement plus orienté business.

Enfin, on arrive aux valeurs. Les mots-clés qui vous définissent sont les valeurs de la marque. Pour les trouver, c'est très simple, demandez à vos proches quatre mots qui vous représentent. Ceux qui leur viennent immédiatement en tête quand ils pensent à vous. Des mots vont revenir plusieurs fois chez les différentes personnes que vous interrogerez. Pour moi, c'était « ambitieux », « déterminé », « résilient », « passionné », « travailleur »… Ce sont donc les valeurs de Feed. Le plus important, c'est de ne pas se travestir, et d'être honnête avec les mots qu'on choisit. Il n'y a pas de bonne ni de mauvaise plateforme de marque. Mais elle doit vous ressembler.

Je vais prendre l'exemple d'une marque dans laquelle j'ai investi. Barooders, une marketplace de matériel *outdoor* seconde main. Vous pouvez y acheter ou vendre tout votre équipement : skis, voile de kite, chaussures de randonnée, etc.

Ça marche très bien. Pourquoi ? Parce que la marque ressemble trait pour trait à sa cofondatrice Edwige. Passionnée de sport, très sociable, souriante et toujours partante pour l'aventure. Barooders fonctionne car c'est le reflet de sa personnalité.

Votre image de marque ne sera un succès que si elle est authentique. Pas question de faire semblant ni de jouer un rôle. Laissez ça aux politiciens. Si vous voulez créer une marque forte, ne vous travestissez pas. Trouvez votre combat.

Attention, votre identité n'est ni simpliste ni linéaire. Nous avons tous plusieurs facettes, qui forment un tout cohérent. Il s'agit de créer la marque qui ressemble à cette combinaison. Ensuite, affichez vos valeurs partout : sur votre packaging, votre site, vos publicités, les murs de votre entreprise, vos réseaux sociaux… Que tout le monde, de votre équipe à vos partenaires financiers, de vos premiers adeptes à vos futurs clients, sache précisément qui vous êtes.

Les valeurs ont un autre intérêt : elles sont votre baromètre. Elles vous permettent de prendre les bonnes décisions rapidement quand vous avez un dilemme. Vous verrez très vite ce qui est compatible avec vos valeurs, et ce qui ne l'est pas. Elles sont votre fil rouge qui guide votre action et votre prise de décision. N'oubliez pas non plus qu'elles peuvent évoluer, comme vous. C'est même un signe de bonne santé : vous vous remettez en question. Vous vous développez.

Pour résumer, vous aurez franchi cette étape quand votre plateforme personnelle sera parfaitement alignée avec votre plateforme de marque.

C'est la clé de voûte : quel est mon objectif de vie, qui suis-je réellement, quelles sont mes valeurs au quotidien ? Tout ce que vous entreprenez doit correspondre à votre personne. Vous êtes spécial, unique, votre marque le sera aussi. Votre identité, vous la déclinerez dans tous les domaines qui vous intéresseront. Aujourd'hui, je vends des barres. Mais demain, ma promesse, ma mission et mes valeurs pourront s'appliquer à d'autres projets. Un nouveau média pour coacher des jeunes ? Oui, c'est fidèle à ma raison d'être, à mon ambition, à tout ce que je défends au quotidien. Une ligne de vêtements ? Oui, à condition qu'elle s'accorde avec les valeurs qui sont déjà celles de Feed. : vêtements de sport, par exemple, pour ceux et celles qui veulent se dépasser. Et si je montais un média ? Ma plateforme personnelle définirait ma ligne éditoriale. Et si je m'engageais en politique ? Pas de problème : la méritocratie serait au cœur de mon programme.

La notoriété organique

Pour faire rayonner votre marque, votre projet, votre œuvre, il est essentiel d'en faire quelque chose de vivant. Et parler de ses faiblesses y participe. Vos failles vous rendent humain : comme tout le monde, vous en avez. Si vous adoptez une attitude trop sûre de vous, en regardant tout le monde de haut, ça ne marche pas. *Admirez-moi, je suis intelligent, j'ai des villas, des bateaux et des enfants magnifiques.* Erreur fatale. Afficher sa présumée supériorité et sa réussite ne fait rêver personne. Ça génère des frustrations, et renvoie les gens à leurs échecs. Ils abandonnent avant même d'avoir commencé. Surtout en France, où l'on a tendance à se méfier du succès. N'oubliez jamais qui vous êtes vraiment. Si vous venez d'en bas, ne vous en cachez pas. Si vous avez été victime de violence, témoignez, racontez les épreuves que vous avez traversées pour en sortir. Soyez une preuve par l'exemple. Dégagez de l'émotion. Les gens ne s'identifient qu'à ceux qui leur ressemblent, ou qui ont surmonté des difficultés similaires. Ça leur donne du courage : « Pourquoi pas moi ? Allez, je le fais aussi ! »

Raconter votre histoire personnelle va vous apporter de la notoriété organique. Pour que les gens s'intéressent à votre histoire, et donc à votre marque, vous devez les toucher, attirer leur attention. Sensibiliser, c'est rendre conscient. Pour ça, il faut travailler sur l'empathie. Être altruiste. Ce n'est pas une question d'argent ni de campagne publicitaire. Les start-up les plus performantes ont toujours une notoriété organique très forte. Elles ne sont pas dépendantes de l'acquisition payante, ces achats d'audience que vous vendent Google ou Facebook, et dont le prix monte chaque jour, ce qui rend ce modèle traditionnel de moins en moins rentable. Ces start-up devenues des spécialistes du *storytelling** répandent leur message par une prise naturelle de parole : la leur, celle de leur communauté. C'est moins mercantile, et le message se diffuse bien plus. Dans les médias, sur vos réseaux sociaux, lors de conférences, partout ! Les autres auront envie de faire partie de votre aventure ou *a minima* de la suivre.

Si dans un podcast je récite que, chez Feed., nous faisons de la nutrition pour tous les moments de la journée… le podcast est vite terminé. Aucun intérêt. On ne se sent pas impliqué. On n'est pas concerné. Dans ce discours, ma marque ne se distingue pas d'une autre parce que je n'ai pas sensibilisé mes auditeurs. Je n'apprends rien à la communauté. Mon intervention est égoïste. Chaque fois que vous parlez ou postez sur vos réseaux sociaux, c'est pour offrir quelque chose.

Pour captiver les gens, j'ai partagé mon histoire, en y intégrant l'aventure Feed. La marque fait partie de mon parcours. C'est dans mon cheminement personnel qu'elle prend tout son sens. Il faut se mettre à nu, mais en réfléchissant bien à ce qu'on dévoile et comment s'y prendre. Vous connaissez votre vie par cœur, vous n'avez pas besoin d'une conseillère en communication, ni de préparer des notes. Du coup, vous pouvez parler pendant des heures dans un podcast, évoquer quantité de sujets sur les réseaux. C'est toujours votre plateforme de marque personnelle : votre promesse, votre mission, vos valeurs. Vous pouvez les décliner à volonté, pour engager le public derrière vous, derrière votre marque, derrière votre produit.

Exemple. Sur mon site et sur tous mes réseaux sociaux, je parle de livres ou de films qui me plaisent, des podcasts que j'écoute, de blockchain et je rebondis régulièrement sur l'actualité. Cela semble sans rapport avec la nutrition, mais c'est relié à Feed. à travers ma personnalité et ma promesse : il y est question de dépassement. Il y a toujours un lien.

S'exposer et parler de sa marque, c'est du storytelling. Comme si vous étiez votre propre série sur Netflix. Les personnages les plus attachants sont ceux qui ont des failles et du vécu. Votre marque, c'est votre empreinte. Presque une empreinte digitale. Vous la laissez sur tout ce que vous touchez. Vous la déposez sur tout ce que vous faites. Et puisque vous racontez une histoire authentique, et qui a du sens pour les gens, vous vous créez une communauté. Votre public. Il va défendre votre produit et sera votre meilleur soutien.

Trouver sa niche

Everett Rogers, un chercheur, a modélisé, il y a plusieurs années, la courbe de diffusion de l'innovation. Elle permet de comprendre la propagation de votre marque, ou de tout ce que vous souhaitez proposer sur votre marché. Évidemment, plus vous proposez quelque chose d'innovant, plus toucher votre cible est difficile. En résumé, une innovation met toujours un certain temps à conquérir la population. Il n'est pas simple d'introduire un concept ou un produit qui bouleverse les habitudes. Rogers découpe la diffusion de l'innovation en cinq phases. L'intérêt, c'est d'adapter votre communication à la phase dans laquelle vous vous trouvez. Et d'essayer d'atteindre la suivante.

Votre première cible s'appelle les innovateurs (*innovators*). Eux peuvent recevoir votre message dès le commencement et sont prêts à tout pour se procurer le produit avant les autres. Comme ceux qui font la queue devant les boutiques Apple deux jours avant que le nouvel iPhone ne sorte. Quand votre marque ou votre projet bouscule les normes, vous devez d'abord vous appuyer sur les innovateurs.

Certes, ils ne représentent qu'une toute petite part de la population, estimée entre 2 et 3 %. Vous avez néanmoins besoin d'eux pour passer à l'étape suivante et, beaucoup plus tard, toucher le marché de masse : à ce stade (le dernier) votre produit s'est banalisé, tout le monde l'achète, vous êtes devenu un géant. En plus d'adopter votre produit très tôt, les innovateurs vont vous soutenir dans votre mission. Ils achètent car ils partagent votre vision. Pour eux, c'est presque une manière de voter. Ils vont vous générer une notoriété organique et n'hésiteront pas à prendre votre défense sur les réseaux sociaux quand vous serez attaqué. Et cela arrivera car toute innovation entraîne son lot de mécontents, de haters, de passéistes qui trouvent, quel que soit le sujet, que « c'était mieux avant ».

Ce sont les innovateurs qui vont vous permettre de toucher la deuxième strate de la population, surnommée les premiers adeptes.

Les premiers adeptes (*early adopters*) rentrent en lice un tout petit peu après les innovateurs. Ils achètent très rapidement ce nouveau produit qu'on leur a vanté. Ils aiment les nouveautés, ils les essaient, ils les adoptent, disent autour d'eux ce qu'ils en pensent. Ceux-là représentent environ 13,5 % de la population. Ils sont votre deuxième cible. Comme les innovateurs, ils sont friands de nouvelles technologies, d'avant-gardisme et sensibles à l'image qu'ils renvoient au reste du monde. Ils sont très ancrés dans la modernité. Quand vous avez réussi à les convaincre, il y a un passage difficile, l'« abîme » (*chasm* en anglais). Vous changez complètement de population et d'ordre de grandeur. C'est le passage de la deuxième à la troisième phase : des premiers adeptes à la majorité précoce (aussi appelée l'*early majority*).

La majorité précoce est le premier stade du marché de masse que Rogers découpe en deux groupes, les précoces et les tardifs (*late majority*). L'innovation change de statut, elle sort de son marché de niche pour se normaliser. On ne réussit ce passage qu'à condition d'avoir suffisamment d'innovateurs et de premiers adeptes derrière soi. Maintenant, tu as affaire à des gens qui recherchent des solutions pratiques et faciles. L'innovation n'est pas leur priorité.

Les précoces sont des clients réfléchis. Ni compulsifs, ni impulsifs, ils attentent des retours d'expériences avant de se lancer. Et il leur en faut beaucoup parce qu'ils sont pragmatiques. La majorité précoce va prendre connaissance du produit à travers les réseaux, les revues. Un nouvel iPhone ? Est-ce qu'il est mieux que le précédent ? Elle va se documenter. Lire des comparatifs sur des sites spécialisés. Puis acheter si elle y trouve un véritable intérêt. Les précoces totalisent environ un tiers de la population.

Les tardifs, eux, qui constituent la quatrième phase, n'achètent que sous l'influence de masse. Parfois appelés *followers*, ils attendent de voir. Il leur faut plus que des retours d'expérience : ils veulent des preuves. La majorité tardive arrive longtemps après le lancement du produit, une fois que tout le monde (ou presque) l'a adopté. Ils ne prendront un iPhone que lorsque tous leurs proches leur auront expliqué à quel point il leur simplifie la vie. Souvent critiques lors de la sortie de l'innovation, ils expliqueront qu'« il n'y a que les cons qui ne changent pas d'avis ». Eux aussi représentent un tiers de la population.

La cinquième et dernière tranche du marché, ce sont les retardataires (*laggards*). Naturellement très sceptiques, ils sont les tout derniers à accepter une innovation. Ils l'intègrent au moment où elle est quasiment dépassée. Un retardataire n'achète pas d'iPhone. Il ne loue pas son appartement sur Airbnb. Il ne prend pas de Uber. Il ne mange pas de smart food. Il ne lira jamais un polar coréen. Il n'a pas d'ordinateur. Ni de four à micro-ondes. Netflix ? Inconcevable, il préfère regarder Miss France sur TF1 avec douze coupures publicité. La blockchain ? De la science-fiction. Bon, c'est vrai, je caricature. Sachez toutefois que les retardataires représentent 16 % de la population. Mais renoncez à vouloir les convaincre. Gardez votre énergie pour d'autres combats.

Vous voici avisé de ce qui vous attend. Au début, vous vous concentrez sur une niche. Au lancement de votre marque, obligatoirement innovante, vous devez trouver vos innovateurs. La plupart des entrepreneurs commettent l'erreur fatale de viser immédiatement le marché de masse, pour toucher un maximum de personnes. À vouloir toucher tout le monde (au début), on ne touche personne. Vous ne pouvez pas en même temps viser les femmes, les hommes, les jeunes de vingt ans, les personnes de plus de cinquante ans, les urbains et les nomades. Impossible. Trouvez votre niche. Comment ? Niche = intuition + *data**.

L'intuition est votre conviction initiale. Votre feeling après avoir étudié le marché. La data est l'accumulation des données statistiques qui la confirment. Pour avoir de la data, inutile de passer par des agences qui facturent très cher leur prestation. Descendez dans la rue, faites tester votre produit aux passants. Vous allez très vite voir qui est le plus séduit : les jeunes, les adultes, les sportifs, les hommes, les femmes, etc. Observez, prenez des notes, retournez dans la rue, vérifiez. Très rapidement, vous allez trouver une niche : vos innovateurs. C'est par eux que vous commencerez. C'est à leur contact que vous forgerez votre discours. Souvenez-vous qu'il doit être organique : vivant et sensible. Objectif : empathie et identification.

Pour Feed., je me suis vite aperçu que mes innovateurs étaient les sportifs et les geeks. Ces derniers passent beaucoup de temps sur les réseaux et derrière leurs écrans. Ils ont besoin de se nourrir vite, mais correctement. Les sportifs sont pressés, et sont déjà habitués aux protéines en barre ou en poudre. On a commencé par travailler ces niches, en quête d'innovation, de technologie et de performance. Ensuite, ces innovateurs sont devenus nos ambassadeurs pour attaquer les premiers adeptes : les urbains, des personnes qui veulent être en forme ou gagner du temps. Ce qu'ils lisent sur les réseaux les attire : « Vous devriez essayer, c'est bon, c'est bien fait, j'ai tenté, je valide. »

Typiquement, je partage avec vous le témoignage d'une première adepte Feed., que j'ai rencontrée par hasard au moment d'écrire ce livre, puisque proche de mon éditeur. Elle a quarante ans, écrivaine, comédienne, intellectuelle, elle a des troubles alimentaires depuis des années. Fille de médecin, elle veut combler ses déficits pour rester malgré tout en bonne santé. Elle a pris l'habitude de recourir à une alimentation liquide dans son adolescence et elle a toujours eu des difficultés pour se nourrir. Jamais les bons ingrédients, jamais la bonne texture, jamais la bonne barre. Et puis, aucune promesse, pas de mission, zéro valeur. Alors, elle s'est mise à imaginer qu'un jour elle mettrait au point des aliments spécifiques et engagés pour les anorexiques ou les boulimiques qui ont besoin de remédier à des carences graves. Et qui veulent le faire sainement. Avec de bonnes valeurs. Quand elle tombe sur nos bouteilles, c'est une révolution : Feed. l'a fait ! Pour la première fois, elle a eu le sentiment que quelqu'un avait pensé à elle. Que quelqu'un s'était donné la mission de l'aider, de lui permettre de trouver un équilibre grâce auquel elle pourrait se dépasser. C'est vraiment ce qu'elle a ressenti : *Feed. me sauve la vie.* Je ne sais pas si c'est vraiment le cas, mais aujourd'hui, assurément, son quotidien est devenu plus simple.

Au début, elle commence par nous tester. C'étaient nos toutes premières poudres. Le format ne lui va pas, elle trouve qu'il y a trop de sucres. Comme beaucoup de nos early adopters, elle nous écrit. Elle nous conseille. Et puisqu'on est à l'écoute de notre communauté, on sort une nouvelle gamme, améliorée : cette fois, du liquide. Elle trouve que c'est mieux, mais qu'on peut encore parfaire la recette. Elle nous écrit de nouveau : « Peut mieux faire. » Feed. grandit grâce à elle, et la communauté qui nous suit et nous conseille.

Aujourd'hui, elle est toujours abonnée à Feed. Tous les mois, elle reçoit sa livraison.

C'est une fidèle. D'une loyauté sans faille. Mais pas seulement pour le produit : aussi pour nos valeurs. Notre marque a du sens pour elle. Dernièrement, elle est devenue maman. Et par souci de l'équilibre alimentaire de sa fille, elle nous a suggéré une gamme petite enfance… Vous l'aurez compris, Feed. a réussi à convaincre les trois premières catégories de consommateurs : innovateurs, premiers adeptes et majorité précoce. Un abîme nous sépare des followers et des retardataires. Le marché de masse reste à conquérir. Mais c'est un tout autre métier !

Toujours se réinventer

Vous connaissez la marque Kodak ? Elle est née aux États-Unis, en 1888, et a très longtemps été leader sur le marché des appareils photo. Son cœur de métier, c'était la pellicule, le cinéma, la radiologie, la bande magnétique. Tout naturellement, ils ont fini par inventer l'appareil photo numérique. Et ils l'ont laissé au fond d'un tiroir, de peur de cannibaliser leur propre business. À l'innovation, ils ont préféré la tradition. Au risque, ils ont préféré les acquis. *Nous gagnons beaucoup d'argent avec les pellicules, pourquoi s'embêterait-on avec le numérique ?*

Résultat : ils ont déposé le bilan en 2012, et cherchent depuis à se réinventer (cryptomonnaie pour les photographes, fabrication de médicaments…), sans succès pour le moment. Ils n'ont pas su profiter de leur hégémonie sur le marché de la photographie. Beaucoup de sociétés ont commis cette erreur : Motorola, Blackberry, Thomas Cook, General Motors…

Ils ont très vite été dépassés par des visionnaires plus agiles. C'est aussi pour cette raison que l'écoute, notamment de ses équipes, est primordiale. Souvent, elles ont de bonnes idées. Il ne s'agit pas de dire oui à tout, mais de créer un climat de confiance avec des initiatives, du dialogue, du débat, des propositions. Sans tomber dans l'excès inverse où il n'y a plus de capitaine à bord et où chacun rame dans la direction qui lui plaît.

J'aime bien la règle d'Elon Musk, même si elle a fait couler beaucoup d'encre. « Quand je vous envoie un mail en vous donnant un ordre, dit Musk, vous avez trois manières de réagir : la première, c'est de me dire que j'ai tort et d'argumenter, parce que ça peut m'arriver de ne pas avoir raison, la deuxième, vous l'exécutez, la troisième, vous ne voulez pas l'exécuter, mais dans ce cas vous démissionnez immédiatement. »

Ça me rappelle l'exemple d'un graphiste que j'avais recruté. Il avait, sans demander l'autorisation à qui que ce soit, pris l'initiative d'enlever le point du logo Feed. Pensant que c'était une erreur d'inattention, je le lui fais remarquer… et il me répond : « Non, non, je n'ai rien oublié, c'est juste que je n'aime pas ce point. »

Si on a mis un point, il y a une raison. Ce point, en gras, est présent pour montrer qu'il y a tout à l'intérieur de Feed. Entrée, plat, dessert. Le point illustre également notre détermination. On est sûrs de nous. Une marque forte. Avec cette personne, il n'y avait pas d'alignement possible.

Donc se réinventer, c'est continuer de faire vivre sa marque, de la faire évoluer, toujours en créant du contenu qualitatif. Le storytelling est plus payant que l'achat d'espaces ou de mots-clés sur Google. Entre 2015 et 2020, la publicité sur Facebook ou Instagram était la colonne vertébrale d'une marque digitale.

Aujourd'hui, c'est tellement cher que ça n'en vaut plus la peine. Donc réfléchissez bien à l'histoire que vous voulez raconter. Promesse, mission, valeurs. L'époque des publicités où la jolie maman blonde traverse le jardin verdoyant pour emmener ses enfants sages à l'école, pendant que papa est occupé à tailler les rosiers (avant d'aller au travail) est révolue. « Mangez notre pâte à tartiner pour être comme nous dès le matin ! » Franchement, qui a envie de ça ? On a tellement vu ce message que plus personne ne se sent concerné. Il faut réussir à raconter une histoire qui fasse vibrer. Avant, la politique avait cette capacité. Mais les politiques ont échoué, ils n'ont pas tenu leur promesse : la plupart des gens n'ont pas la vie dont ils ont rêvé. Métro-boulot-dodo, ce n'est pas ce qu'ils attendaient. Votre promesse, votre mission, vos valeurs, votre marque peuvent à nouveau faire frémir des gens qui ont besoin de sources d'excitation.

Je repense à des stories que j'ai publiées sur Instagram dernièrement. Un follower m'a écrit un message parce que je l'avais incité à se rendre au Fighters Day, un événement auquel j'ai participé pour aider les jeunes qui venaient de quartiers défavorisés. Il m'a dit :

« Je t'ai mis en fond d'écran de mon téléphone pour me motiver chaque fois que je le regarde et j'ai fait trois cents kilomètres pour venir au Fighters Day. Du coup, j'ai loupé l'anniversaire de ma copine, mais ce n'est pas grave. » Déjà, *big up* à la copine. Si vous lisez ce livre, vous avez choisi un type super déterminé, qui sait ce qu'il veut, alors qu'il n'a même pas vingt-cinq ans. J'ai reposté son message sur Instagram. D'autres personnes m'ont répondu « Moi aussi, je suis venu et j'ai loupé tel ou tel événement qui avait lieu en même temps ». À cet instant, on prend conscience que la marque est forte. Parce que les gens font des choses irrationnelles, qui les dépassent et les tirent vers le haut. On a souvent l'impression qu'il faut être égoïste pour avoir de l'impact, que plus on se concentrera sur soi, plus ça paiera. Mais c'est l'inverse. Quand nous inspirons des gens, eux-mêmes vont en inspirer d'autres. C'est comme un écho qui se propage. Quelque part, en étant altruiste, on devient éternel, car on crée une onde de choc derrière soi.

– 6 –

Organiser son quotidien

À l'inverse des sables mouvants,
moins vous bougez, plus vous vous enfoncez.

TTC : Travail, Talent, Chance

Vous avez du talent. Il faut juste le découvrir. Albert Einstein le disait : « Tout le monde est un génie. Mais si vous jugez un poisson à sa capacité de grimper à un arbre, il vivra toute sa vie en croyant qu'il est stupide. »

Mais le talent ne suffit pas. Il s'exerce ou il meurt. L'exercice du talent, c'est le travail. Et pour réussir, il faut travailler d'arrache-pied. Cet acharnement déclenchera ce petit coup de pouce qui fera la différence. Quand la chance se présente, sautez dessus, mais rien ne sert de l'attendre ni de compter sur elle. Cultivez plutôt vos talents. Vous avez des facultés, des capacités ? Sûrement. Mais rendre les choses faciles demande beaucoup d'entraînement. Votre habileté de départ ne sert à rien si elle n'est pas entretenue. Sans effort, le talent s'éteint. Prenons l'exemple de Michael Jordan, NBA (National Basket Association). Dix-neuf ans de carrière, et des records dans tous les sens. Milliardaire. Un destin hors du commun. Nombreux sont ceux qui le considèrent comme un génie absolu du basket. Je pense qu'il s'entraînait simplement plus que les autres, et qu'il a décuplé ses aptitudes naturellement élevées. Michael Jordan lui-même le dit : « J'ai raté neuf mille tirs dans ma carrière. J'ai perdu presque trois cents matchs. Vingt-six fois on m'a fait confiance pour prendre le tir de la victoire et j'ai raté. J'ai échoué encore et encore dans ma vie. Et c'est pourquoi je réussis. »

Dans le même style, Usain Bolt, l'homme le plus rapide de tous les temps sur cent mètres, explique que la compétition est le moment le plus facile. Ce qui est compliqué, c'est l'entraînement quotidien. La rigueur, l'organisation, les compromis. Toute l'année. *Idem* pour Rafael Nadal. Lisez les biographies de ces sportifs. On n'imagine pas combien leur rythme de vie est autrement difficile à supporter.

Finalement, le talent est avant tout la capacité de répéter inlassablement les mêmes actes. Souvent des petits riens, qui paraissent sans importance. Faire des paniers jusqu'à en avoir mal aux épaules, jouer ses gammes jusqu'à ne plus sentir ses articulations, vocaliser jusqu'à trouver la note parfaite, s'entraîner à parler devant son miroir jusqu'à tomber de sommeil. À force de répétition, ces habitudes vous amènent à l'exploit. Le meilleur de vous, c'est la performance visible : le tir au but décisif à la Coupe du monde de foot, le vibrato d'une diva, le pitch parfait pour une start-up. Tester ses limites, les repousser, se dépasser. La performance n'est que la partie émergée de l'iceberg. Celle qu'on voit à la surface et qui donne l'impression de flotter toute seule. En réalité, elle repose sur une énorme masse de glace sans laquelle elle n'existerait pas. Cette masse, c'est votre travail. Le talent n'explose qu'après un travail acharné. Les gens ne retiennent que la performance. Votre exécution doit paraître tout à fait naturelle, divine, incompréhensible. Les gens penseront que vous avez confiance en vous et que vous êtes un surhomme ou une *wonderwoman*. En réalité, vous vous êtes préparé pour ce moment. Vous l'avez visualisé. Vous l'avez déjà affronté. Vous avez prévu chaque possibilité. Vous ne pouvez que réussir.

Devenir une machine d'exécution

La première condition de l'efficacité, c'est l'automatisation maximale. Il ne s'agit pas de vous déshumaniser, mais de trouver le bon équilibre entre rythme de vie et efficacité. Fixez-vous des règles.

Règle n° 1 : Un mode de vie sain

Si vous sortez le soir, si vous consommez de l'alcool ou des drogues, si vous dormez peu, si vous mangez mal, vous pouvez arrêter dès maintenant. Ne perdez pas de temps. Ça paraît élémentaire, mais c'est utile de le rappeler parce qu'on a tendance à l'oublier : faites du sport, mangez sainement, dormez correctement. Je ne connais pas d'autres moyens de fabriquer et d'entretenir une énergie saine.

Évident, oui, mais pas si simple. Une bonne hygiène de vie demande de la rigueur et de la détermination. Si l'envie d'abandonner vous assaille, se projeter et penser à son Why peut vous soutenir. Regarder loin devant. Trouver de la motivation à l'intérieur de soi. C'est dans ce type de moment que l'expérience de la pauvreté nous est utile, car notre instinct de survie, en dormance, se réactive. Si vous restez immobile, vous allez vous embourber dans votre condition actuelle. À l'inverse des sables mouvants, moins vous bougez, plus vous vous enfoncez.

Vous avez des ressources insoupçonnées. Vous n'avez pas idée de votre potentiel. Il serait dommage de le gâcher à ne rien faire, non ? Trouvez votre talent. C'est votre matière première. De l'or. Votre trésor. Parfois, il est bien caché. Votre volonté, votre détermination à accomplir un projet, votre capacité à le faire sont enfouies si profondément en vous que vous êtes persuadé d'en être démuni. Pourtant, cette richesse vous appartient. Reste à en prendre conscience, puis ensuite entretenir et développer ce carburant, ces capacités, avec beaucoup de rigueur : se fixer un mode de vie.

Sans une hygiène stricte, je ne tiendrais pas un an. Comme vous, je ne suis pas un robot. Nous sommes des êtres sensibles, avec nos besoins vitaux et nos fragilités. Tuer sa santé, c'est très facile, et exploser en vol, probable, si on ne s'écoute pas. Jouer avec ses limites, oui, mais sans les franchir. D'où le besoin d'établir son mode de vie, ces fondations sans lesquelles on n'arrive à rien. Il ne s'agit pas non plus d'être un tyran avec soi-même, quelques entorses aux règles sont les bienvenues. Faisons-nous plaisir ! Faisons-nous du bien… avec modération. C'est vous qui savez.

Règle n° 2 : Se comparer aux autres ? Non, merci !

A priori, l'homme est un animal social. Il ne peut pas vivre seul, s'élever sans le monde extérieur. Nous sommes faits pour vivre à plusieurs, en communauté. Sinon, pas de société, pas d'humanité. À cela, il y a un énorme inconvénient : notre tendance à nous comparer aux autres. Dans certains cas, nous nous sous-évaluons, dans d'autres, nous nous surévaluons. Ce qui donne à penser qu'il y a une norme à respecter. Sauf que vous, vous n'êtes pas *normal*. Qui l'est, finalement ?

Il y a quelques siècles, les gens « différents », qui s'écartaient de la norme, par leurs croyances, propos ou agissements, se voyaient pourchassés pour sorcellerie et brûlés vifs sur le bûcher. Mais je vous rassure, cette époque est révolue ! Vous n'êtes pas obligé de rentrer dans le rang, et de ressembler à votre voisin. Au contraire, cultivez votre différence. Apprenez à résister aux flammes… c'est-à-dire à l'incompréhension de vos proches, au rouleau compresseur médiatique, aux injures sur les réseaux sociaux. En deux mots, devenez incombustible. Vous êtes invincible.

Autour de moi, beaucoup de gens considèrent que ma vie est morose. Anormale. Avec mon patrimoine, je pourrais ne plus travailler, investir de temps en temps, et vivre au gré des saisons, dans de belles maisons. Et pourtant, je reste assis, dans mon petit appartement sans canapé, toute la journée, à travailler et à enchaîner les visioconférences. Peu ou pas de sorties. Peu ou pas d'alcool. Peu ou pas de vacances. Mais vous savez déjà tout ça…

Fade, ma vie ? Selon les normes sociales qui sont quasiment des diktats religieux, oui. Pas de mon point de vue, j'adore ma vie. Je ne l'échangerais pour rien au monde. Je suis en passe d'atteindre mon Why et j'y trouve du plaisir.

Et je vous dois une petite confidence : je ne suis pas un animal social. Vous l'avez deviné, je m'ennuie souvent avec mes nouvelles rencontres. Temps perdu, valeur perdue : celle qu'on aurait pu créer. Voilà pourquoi ma vie en mode cow-boy solitaire m'épanouit : elle me rend efficace. À vous de forger votre mode de vie. Simplement, ne vous soumettez pas aux exigences des autres. Agir selon le but qu'on s'est fixé. Tracer sa route. La société nous impose une norme ? Aucune obligation de la respecter. Trouvez et respectez votre style de vie.

Règle n° 3 : Soyez le maître de vos horloges

Le temps est une des seules choses qui ne s'achète pas. Il se perd très facilement, alors qu'il vaut de l'or. Et, malgré sa rareté, on oublie de l'économiser. La réussite dépend en grande partie de la maîtrise du temps. De sa capacité à jongler avec cette denrée rare. Être présent, c'est être efficace dans l'instant. Mais le présent prépare l'avenir. Soyons en mesure de nous projeter. D'anticiper les jours, les semaines, les mois et les années à venir.

Deux types de fonctionnement sont possibles quand on a beaucoup à faire. La *to-do list* simple et le *slot scheduling* (la planification par créneau). En d'autres termes, un mode de travail synchrone *versus* un mode de travail asynchrone. Synchrone : vous faites quelque chose au moment où vous y pensez. Un appel téléphonique est un mode de communication synchrone. Cela vous interrompt dans ce que vous faites. Vous répondez, vous parlez cinq minutes, et vous reprenez votre tâche. À l'inverse, un mail est un mode de communication asynchrone. Vous pouvez y répondre plus tard.

La to-do list est un enchaînement de points à réaliser, avec parfois des échéances. La première façon de faire est d'exécuter ces tâches les unes à la suite des autres, en les classant par ordre de priorité. C'est une méthode efficace quand vous êtes seul et que vous êtes au tout début de l'aventure. Les idées jaillissent, vous voulez avancer vite. De nouvelles possibilités affluent sans interruption. Vous allez enchaîner et dérouler un maximum de tâches dans la journée. Mais très vite, vous allez voir les limites de ce système synchrone. Surtout quand vous aurez une équipe à gérer.

La journée commence. Dix tâches au compteur. Vous vous lancez. Mais le téléphone sonne, vous prenez l'appel, c'est un fournisseur avec lequel vous travaillez. À la fin de l'appel, vous écrivez à la personne qui est en charge de ce sujet. Elle vous appelle, vous y passez dix minutes de plus. Vous reprenez le point 1 de votre liste, un mail arrive, ce n'est pas urgent mais vous répondez, ensuite retour au point 1, cinq minutes après vous recevez un message sur WhatsApp, cette fois c'est votre chargée de communication qui vous demande de valider un texte pour LinkedIn. Vous le relisez et vous lui envoyez la version corrigée. Vous reprenez le point 1 de votre liste (qui en comporte dix), et là, trait de génie (celui dont parlait Einstein, vous suivez ?), vous avez une super idée que vous notez dans votre to-do list. Avant de recevoir du courrier et de l'ouvrir pour vérifier qu'il n'y a rien d'urgent. Bref, vous êtes constamment dérangé. Impossible de se concentrer. Vous vous dispersez. Vous traitez en surface. Vous bâclez. Il est déjà midi et vous n'avez pas avancé.

Deuxième méthode, la gestion asynchrone. Ma préférée. Vous ne vous occupez de votre to-do list qu'à des moments très précis de la journée, que vous avez prédéfinis en amont, et qui se répètent chaque semaine. Je partage également mon calendrier avec toute mon équipe afin qu'elle puisse m'ajouter des rendez-vous aux moments opportuns.

Je découpe chaque journée en sessions (que j'appelle des *slots*). J'ai trois Inbox Zero. Ce qui veut dire que je ne traite mes mails que trois fois par jour. À 9 heures, à 13 heures, à 18 h 30. Chaque fois, je les traite tous. Objectif : retour à l'Inbox Zero (Plus aucun mail). D'où son nom. Le reste du temps, je règle mon iPhone pour ne recevoir aucune notification. Sauf pour les contacts que j'ai définis comme urgents. Je prends également connaissance, pendant mes Inbox Zero, de mes appels, WhatsApp, messages, mails, Slack, Telegram, Instagram, Linkedin, Signal, TikTok, Discord, etc.

Le lundi matin, j'ai une session de travail personnel que j'identifie par un slot bleu « WORK » sur mon agenda. Tous les lundis matin, même chose. C'est le début de la semaine, il y a pléthore de sujets à lancer. Cette partie de mon planning indique « OCCUPÉ ».

Ma *team* sait qu'elle ne doit pas me mettre de meeting à ce moment-là.

Slot bleu, le temps m'appartient, c'est comme être seul sur l'autoroute, pas d'embouteillages, on avale les kilomètres, on a les yeux rivés sur la route. Personne ne vous dérange. Résultat, j'ai déjà bien avancé quand arrive 12 h 30. Je suis satisfait, mon cerveau est content. Il libère de la dopamine, l'hormone du plaisir. Je suis à la fois détendu et naturellement dopé pour l'après-midi. C'est bon pour mon corps, c'est bon pour ma tête. Je suis dans les meilleures dispositions possibles pour reprendre après ma pause déjeuner. Là aussi, c'est une vraie pause plaisir… sans resto. Je récupère de l'énergie en restant au calme. Une barre Feed. ou un plat Journey (start-up de livraison de repas pour la semaine). Je déjeune en écoutant un podcast. Important, parce que j'apprends. La plupart du temps, j'écoute des Américains parce qu'ils sont en avance sur nous. Mes sujets du moment : play-to-earn et NFT.

En début d'après-midi : session rendez-vous avec mes responsables d'équipe. Pour faire le tour des sujets opérationnels. Ensuite, session *full squad* : toute l'équipe se réunit, et pendant deux heures on débriefe au complet. Tout le monde est au courant de ce qu'il se passe. On finit par la Inbox Zero.

Tous les jours, ces slots précis viennent ponctuer mon agenda et se répètent chaque semaine, aux mêmes moments, pour un maximum d'automatisation.

Pour vous donner des idées, voici d'autres exemples de sessions :

– Meetings extérieurs (ma team peut, sans même me consulter, fixer des rendez-vous avec des tiers – en visio sauf motif impérieux).

– Meeting 1 to 1 : quand une personne de ma team veut me parler en privé. *Idem*, pas besoin de me demander, elle peut ajouter une invitation simplement en cliquant sur ce slot.

– Presse-médias : le slot où la team communication me fixe des rendez-vous avec des journalistes (interview, podcast, presse écrite…).

– Finances : on parle chiffres avec mon CFO (*chief financial officer*).

– Marketing : workshop sur les futures idées (créas, idées de pub, contenus réseaux sociaux…).

– Analyse du marché : le moment où je regarde tout ce qui se fait dans le secteur – concurrence, start-up où j'ai investi, nouvelles verticales, innovations, etc.

– Sport : pour rester en forme.

– Lecture : pour me rappeler de lire au moins un livre par semaine (j'en lis cinquante par an).

L'intérêt est donc de s'organiser sans jamais se lasser de cette routine. La diversité de votre planning vous permet de déployer tous vos talents. Vous donnez aussi de la visibilité à votre équipe sur votre agenda. Résultat : gain de temps, pas besoin de secrétaire, surplus d'énergie.

Règle n° 4 : Rester simple

Pas d'organisation efficace sans simplicité et sans sobriété. J'ai déjà dit que se priver de tout permettait de ne manquer de rien. Que l'inconfort était un garde-fou. Qu'il ne fallait pas tomber dans le piège du luxe. Allons plus loin. Se dépouiller de tout est à la fois une libération et un catalyseur d'énergie. Il s'agit de réduire au maximum les contraintes, les contingences quotidiennes, les sources de distraction.

Si j'habitais un deux cents mètres carrés, avec un immense téléviseur, un système audio et une cuisine de folie, un chef qui me mitonne des petits plats à longueur de journée, un frigo plein de tentations… mon travail serait constamment interrompu par des envies parasites : *Tiens, je vais me prendre un petit soda avec un gâteau. Allez, je vais me regarder un épisode Netflix sur le canapé pendant le déjeuner. Ensuite, je mettrai un peu de musique pour me détendre. Et ce soir, je vais inviter mes amis à dîner, comme j'ai une belle salle de réception, autant en profiter*. Erreur.

Rester simple. Très simple. Le confort est un piège mortel.

Beaucoup de personnes autour de moi ont succombé. Le confort endort, le luxe tue l'inspiration et la rage d'entreprendre. Raison de plus pour que l'argent ne soit pas une fin. Votre rêve ne doit pas s'arrêter à un appartement de deux cents mètres carrés. Car vous courez le risque, une fois vos comptes pleins et votre canapé livré, de vous bercer de l'illusion d'avoir réussi alors que votre promesse n'est pas réalisée. Cette promesse, c'est pourtant ce qui doit guider votre vie, votre raison d'être, le Why. Celui-ci vous dépasse, il est presque impossible de l'atteindre. Mais n'oubliez pas, le plus important, c'est le parcours. Le dépassement.

Si vous cédez au confort, vous ne serez plus un conquérant qui rêve de se dépasser, mais un nanti embourgeoisé qui consomme et se remplit d'ennui. L'abondance vous engloutit. Le consumérisme vous piège. Habiter dans un paradis où il fait beau toute l'année, faire du surf, du kite, de la chute libre, des soirées déguisées avec d'autres gens qui ont réussi… Ce paradis est un enfer. Parce que le confort n'est pas générateur d'efforts. Pourtant, ces derniers s'avèrent nécessaires pour rester en vie et mettre en action la formule Travail, Talent, Chance. Ce constat n'est pas valable que pour les entrepreneurs. Il vaut pour tous les projets de vie. Pour toute création.

Le meilleur moyen de ne pas tomber dans ce piège, c'est de vivre en dessous de ses moyens. Je ne risque pas de faire des fêtes et des dîners le week-end dans mon cinquante mètres carrés sans télé ni canapé. Pas de place pour les beaux meubles… Pas de mur à décorer avec des tableaux hors de prix. J'en achète parfois, mais uniquement parce que je crois en l'histoire de l'artiste et en son potentiel. En dehors de ça, déco, dîners et opulence… à fuir ! C'est une perte de temps, d'argent, d'énergie. C'est la déconcentration assurée. Aucune Ferrari ne vous attend dans votre garage ? Bravo ! Sinon vous auriez toujours envie de la sortir. Les gens vous regarderaient passer et vous vous feriez un film, pensant qu'ils vous admirent, vous envient, alors que la jalousie les fait vous détester. Est-ce qu'ils auraient tort franchement ? Dans le doute, je préfère rester discret et rouler en scooter.

Règle n° 5 : Ne pas s'endormir sur ses lauriers

Il n'est pas interdit d'interrompre son activité. De vendre sa société. De profiter pendant un temps. Quel que soit son domaine, on peut, à un moment donné, s'arrêter. Mais pour revenir plus fort et rêver plus grand. Le jour où je vendrai mes parts de Feed., je me laisserai six mois de transition. Pour marquer le coup. Disparaître. Une pause nette est importante pour digérer le passé et intégrer le changement de vie. Surtout s'il est radical. Mais franchement, je ne suis pas certain de résister six mois, parce que je vais vite m'ennuyer. Un petit tour du monde, rapide, et c'est tout…

Dès mon retour, je relance un projet. Je l'ai déjà en tête. Vous non plus, ne changez pas de vie sans avoir préparé la nouvelle. Ne pas avoir de plan, c'est se jeter dans le vide du haut d'une falaise, en espérant pouvoir s'accrocher à une liane qui serait là par hasard. La chute est quasi certaine et ce ne sera pas la faute à « pas de chance ». J'ai toujours eu un grand respect pour tous ces jeunes qui partent à l'étranger, sans argent, et qui vivent de petits boulots pour rester dans un endroit qui leur plaît. Un vagabond de la sorte m'expliquait l'autre jour qu'il fallait profiter avant trente-cinq ans, car les responsabilités arriveraient forcément par la suite. Ma lecture est différente. Plutôt que de me régaler naïvement de vingt-cinq à trente-cinq ans pour ensuite exercer un métier qui ne me plaît pas et qui paie mal pendant trente ans, je fais l'inverse. Je me serre la ceinture jusqu'à trente-cinq, quarante ans. Pour bâtir un beau patrimoine et engranger un maximum d'expériences, et pouvoir ensuite profiter de la vie durant les quarante années qui me restent. Je ferai aussi le tour du monde, mais dans de bonnes conditions. Sans stress.

L'ambition est toujours au centre de nos choix. La volonté de faire encore mieux aussi. Je veux faire mieux que Feed. Viser toujours plus haut. Il n'y a aucune limite. En route vers l'utopie. Un lieu qui n'existe pas. Tant mieux.

Il faut le rêver et faire l'impossible pour le rejoindre.

C'est pour ça que Feed. ne me paraît pas incroyable. J'aurais dû faire beaucoup plus. Feed. ne me suffit pas. Si je m'en contentais, et si je n'étais pas déjà sur le coup d'après, ma vie n'aurait pas grand intérêt. Toujours avoir un coup d'avance. Comme aux échecs, un jeu que j'adore. Organiser sa vie, c'est prévoir chaque étape de son évolution. Il est toujours possible de les modifier pour s'adapter aux circonstances, mais pour ma part j'ai déjà identifié très clairement les phases de ma vie. Celles qui me rapprocheront de ma mission et de cet objectif ultime : faire la révolution. Instaurer la méritocratie. Rendre le pouvoir aux gens, c'est mon destin.

Tout ce que j'ai projeté depuis mes quinze ans est arrivé : ce n'étaient pas des rêves mais des prédictions. Je savais aussi qu'un jour j'écrirais un livre. Ce livre que j'aurais aimé avoir entre les mains quand j'étais à la rue. Aujourd'hui, c'est à vous de vous mettre en condition pour faire de grandes choses. Votre cerveau reçoit le message cinq sur cinq, il agit pour vous rendre quasiment omniscient.

Des ressources insoupçonnées s'activent en vous et vous emmènent vers l'accomplissement. Tout devient possible.

Règle n° 6 : Rêver chaque jour plus grand

Vous avez grandi à Pessac ? Bordeaux ne doit pas être votre seul horizon. Visez plus haut. Après la conquête de Bordeaux, ce sera Paris, puis New York : le monde vous appartient. Récemment, un journaliste m'a demandé si je croyais en Dieu. J'ai rétorqué que je ne croyais qu'en moi. Être son propre guide. Faire ce que l'on désire. Oser avoir le complexe de Dieu. Moi, je l'ai, j'en use et j'en abuse : rien ne me semble impossible, toutes les options sont ouvertes. Jusqu'au sacrifice. Si, par exemple, il fallait sacrifier une personne sur deux pour sauver la planète, je crois bien que je serais prêt à montrer l'exemple. La mort ? Je n'en ai pas peur tant qu'elle a du sens. J'ai le sentiment que je mourrai d'une manière spectaculaire. Se choisir un destin hors du commun a un coût. Pour moi, ce sera peut-être la vie ? Je ne trouve pas cela tragique, mais grandiose.

Y a-t-il quelque chose après la mort ? Peut-être, peut-être pas. Je n'ai pas encore assez creusé la question. Ça m'intéresse. Tant de choses restent à expliquer. Ces phénomènes qui arrivent sans qu'on les comprenne. On les dit paranormaux. L'univers est un endroit stupéfiant. Un multivers grandeur nature. Parfois, je pense aux trous noirs, à l'infinité de la galaxie… Ça défie mon imagination, me donne le vertige. Et puis… seuls dans l'univers, nous ? Ça m'étonnerait.

Notre avenir se trouve dans l'espace. J'aime l'idée de nous améliorer. De nous *upgrader*. Du transhumanisme. Faire en sorte qu'on vive plus longtemps. Tout en devenant meilleur. Après, en route pour les voyages interstellaires. Je vous l'ai dit : utopie.

– 7 –

Baisser les bras ? Jamais !

Vous ne serez peut-être que dix, mais à votre tour
vous inspirerez dix personnes, et ainsi de suite,
jusqu'à ce qu'on soit des millions.

État des lieux

L'injustice ? Ce n'est pas compliqué, elle est partout. À commencer par la loterie de la naissance. 100 % des gagnants ont tenté leur chance, mais la grande majorité des joueurs a perdu. Avant même notre naissance, la vie est tracée dans les grandes lignes. Et on peut faire pire qu'en France. Dans certains endroits, naître est une tragédie.

Vous le savez, et le constatez à vos dépens : si vos parents n'ont pas fait d'études, sont pauvres, violents, alcooliques ou absents, le chemin sera ardu. Est-ce que ça vous donne le droit de baisser les bras ? Pas du tout. Tirons parti des injustices pour muscler notre volonté. Voilà les bons ressorts. Et maintenant, décollage.

La culture, c'est la première des richesses, avec les codes sociaux. Ça permet de se préparer à la vie. Si vos parents ne connaissent pas les codes, s'ils ne savent pas à quel point l'homme est un loup pour l'homme, s'ils n'ont pas compris que d'autres vous écraseront pour vous maintenir tout en bas de l'échelle et se garder les meilleures places, c'est mal parti… Les injustices vont s'enchaîner, un déferlement d'inégalités, d'iniquité, de partialité, de favoritisme, de passe-droits et de reproduction sociale. Bienvenue en France.

Pour commencer, puisque vous n'aurez pas eu accès aux bonnes écoles (élémentaire, collège, lycée…), vous ne serez jamais au niveau des futures élites qui se forment déjà dans les meilleurs établissements parisiens. Ils ne s'appellent pas Henri-IV ni Louis-le-Grand par hasard : on y prépare les conquérants de demain. Ces noms célèbres seront les artisans de votre soumission. Un lycée élitiste ne risque pas de s'appeler Spartacus ou Attila : on l'a vu, il ne s'agit pas d'émanciper le peuple, mais de promouvoir l'élite qui le réduira en esclavage moderne.

La course de la vie vient à peine de commencer que vous êtes déjà en retard. Empêtré dans les obstacles qui vous collent à la peau. Qui vous obsèdent. Pendant ce temps, les élèves privilégiés font des stages en entreprise. À la Défense, et non comme magasinier dans une supérette. Même clivage dans les activités extrascolaires. Vous vous rappelez ? Vous jouiez au foot ou vous couriez en cercle dans la cour quand ils alternaient tennis et équitation. Soyez déjà content : les profs ne sont pas absents. Mais est-ce que vous allez baisser les bras pour autant ? Jamais !

Pourtant, revenons à nos établissements parisiens élitistes. Je vous rassure, il ne s'agit pas d'être masochiste. Simplement de bien regarder la réalité en face pour mieux l'affronter. Ceux qui sortent de Louis-le-Grand ou d'Henri-IV sont déjà sur d'excellents rails. Ils vont rentrer en prépa. Vous, vous avez eu un bac technologique de justesse.

Alors que ça bouchonne sur Parcoursup et que vous ne passerez pas toutes les étapes de sélection, sans compter qu'il faut remplir ce fichu dossier de demande de bourse au CROUS et que vous avez peu de chances qu'on vous loue une chambre d'étudiant, les anciens d'Henri-IV et de Louis-le-Grand profitent de cours privés et d'appartement payés par leurs parents. Parés pour la prochaine rentrée universitaire. Et les suivantes. La haine vous ronge ? Normal. Sauf qu'elle ne fait que vous détruire. Faites-en une énergie positive. Et ne baissez pas les bras.

Schématisons encore : vous finissez dans un BTS que vous détestez ou vous faites une formation pour conduire des bus à la RATP. Et les anciens élèves de Louis-le-Grand rentrent à Sciences po, l'ENA, HEC, l'ESSEC. Quelques années plus tard, ils feront du droit, du business, de la politique. Et puisqu'ils sont allés à l'école ensemble depuis la maternelle, que les familles se connaissent, ils se cooptent, s'entraident quand il s'agit de monter des start-up, lever des fonds… pendant que vous, vous ne disposez d'aucun réseau, contact, ni d'aucune banque pour vous soutenir et parvenez difficilement à payer votre loyer. Encore la reproduction sociale. Bienvenue dans la Ve République.

Reproduction et fracture sociale

1 % seulement des entrepreneurs français se sont faits seuls. Sans aide, sans financement. C'est un chiffre de la French Tech Tremplin, un programme de soutien officiel du gouvernement, dont j'étais parrain en 2019. Il s'agit d'aider les jeunes de la rue à s'en sortir, notamment en les intégrant à l'écosystème start-up. Ils auront une bourse de l'État et apprendront auprès de coachs qui ont créé de belles sociétés. Nous n'avons pas encore de recul pour en mesurer l'impact, mais déjà, nous expérimentons quelque chose.

Les venture capitalists (VC) sont les investisseurs qui financent les start-up. Ils se connaissent tous, vivent sur leurs acquis, passent beaucoup de temps à parler, s'échangent des postes. Toujours les mêmes noms bien français et souvent à particule. Sans surprise, issus des mêmes grandes écoles. Ils travaillent entre eux, investissent entre eux, se reproduisent entre eux : le favoritisme à son paroxysme. Inutile d'envoyer votre CV si vous ne connaissez personne. Sans piston, c'est perdu d'avance. Certains ont même l'indécence de créer leur propre fonds d'investissement avec l'argent des parents. Ça donne des situations ubuesques où des héritiers qui n'ont jamais travaillé de leur vie viennent en *board* (le conseil d'administration) expliquer comment gérer votre entreprise. Comme si l'argent leur donnait la légitimité d'avoir un avis.

Si vous aviez été recruté chez un de ces VC, vous auriez malheureusement constaté qu'on impose d'investir sur un type de profil bien défini. Homme blanc, trente, trente-cinq ans. Grande école et bien connecté. Tant qu'on ne changera pas d'investisseurs, il n'y aura pas d'égalité dans l'univers start-up. Ils détiennent l'argent, créent les réussites. En injectant des sommes énormes. Entre 5 et 500 millions d'euros par levée de fonds.

Les VC sont eux-mêmes financés par des LP (*limited partners**). Grandes familles, industriels, fonds de pension, qui les abondent* en échange d'une bonne rentabilité. La boucle est bouclée. Les riches actuels créent les prochains.

Si vous n'êtes *personne*, il est quasi impossible d'être financé pour son projet. Votre père n'est pas P-DG d'une grande banque. S'il l'était, il financerait votre projet de néobanque sans sourciller. Pas avec son argent bien sûr. Mais avec celui de la banque.

Ces mêmes entrepreneurs privilégiés sont persuadés d'avoir du mérite. Je me rappelle une conversation surréaliste avec un start-upeur connu, dont les parents sont très riches : « Anthony, je t'assure que j'ai galéré au début, comme tout le monde. Je ne me suis pas versé de salaire pendant un an ! » Intrigué, je lui demande comment il faisait pour payer son loyer. Réponse lunaire : « Je n'avais pas de loyer à payer car mon père m'a acheté un appartement à vingt-cinq ans. » J'apprendrai plus tard qu'il s'agissait d'un deux cents mètres carrés place du Trocadéro, un des quartiers les plus chers de Paris. 3 millions d'euros, beau cadeau.

Cela démontre bien l'incapacité des élites à appréhender la situation du peuple. Ils sont trop déconnectés pour avoir conscience de l'existence d'un autre monde. Le vrai. D'autres gens. Des vrais. Prenez nos politiciens. Dans leurs tours d'ivoire, payés par nos impôts, ils nous imposent des règles qu'ils ne s'appliquent pas à eux-mêmes. On se souvient tous de cet homme politique qui fait un discours devant un pupitre où est inscrit : « Luttons contre la fraude fiscale. » Il sera condamné quelque temps plus tard, après avoir assuré devant les députés : « Je n'ai pas, je n'ai jamais eu de compte à l'étranger, ni maintenant ni avant. » À l'instar d'autres politiciens condamnés avant lui, il reviendra sûrement à la vie politique dans quelques années, comme si de rien n'était. Le peuple oublie qu'il a le pouvoir d'inverser la situation. Ce n'est pas nous qui devrions avoir peur des politiciens, mais l'inverse. Aujourd'hui, les carrières politiques servent de tremplin. Les hommes d'État se font leur petite notoriété, remplissent leur carnet d'adresses, et finissent par faire du business en siégeant dans des sociétés en Russie, à Dubaï, au Moyen-Orient. Et quand ils donnent une conférence de deux heures, ils empochent 20 000 euros.

Fracture sociale. Discriminations. Ségrégations. Car les humains malheureusement ne se mélangent pas. Les milieux non plus. Parfois, les riches viennent s'encanailler chez les pauvres. Ils en ont les moyens. Alors, il leur arrive de jouer aux explorateurs. L'inverse n'est jamais vrai. Quand vous êtes pauvre, les riches ne vous laissent pas rentrer chez eux.

Il va falloir que le peuple se réveille. Il ne peut plus accepter la vie qu'on lui impose sans broncher. Tout le monde doit pouvoir choisir son destin.

La preuve que c'est possible : l'exemple Pap & Pille

L'ascenseur social est en panne. Démoli, même. L'écosystème start-up est un concentré d'inégalités, et à tous les niveaux. Le plus dur, c'est déjà de commencer. Avoir l'idée et le culot de créer un projet sans être sorti d'une école de commerce ou sans avoir un guide paraît tellement compliqué qu'en général on ne se lance pas. Les entrepreneurs qui se sont jetés à l'eau le disent : le plus dur, c'est la ligne de départ. Heureusement, on ne s'en rend pas compte tout de suite, sinon on ne partirait jamais. Alors, on se lance dans l'inconnu, on découvre qu'il est effrayant, mais une fois qu'on y est, trop tard, il faut aller au bout. On avance pas à pas. On esquive les obstacles.

Lancer une start-up peut demander des millions d'euros. Où les trouver sans relations ? Comment préparer sa levée de fonds ? Vous ne savez absolument pas ce qu'est un deck (document de présentation) ni combien de pages il doit faire.

Dernièrement, après une journée surchargée, j'ai aidé un couple de fondateurs qui n'avaient au départ aucun code start-up, mais qui sont en train de faire mentir leur destin en réalisant de grandes choses. Certains reconnaîtront Abed et Fatiha, fondateurs de Pap & Pille. Ils viennent d'en bas, d'origine maghrébine, une grande fratrie, et Abed est handicapé. Sombre tableau. Ils étaient infirmiers et ont dû vendre leur maison pour pouvoir sauver leur société. C'est exactement le genre d'histoire que j'aime, et comme personne ne voulait les aider, je me suis promis d'en faire l'histoire d'une réussite. Je ne l'ai pas fait par bonté d'âme, mais parce que Fatiha et Abed ont une énergie incroyable et une audace sans limites. Pour attirer mon attention et réussir à venir me rencontrer chez Feed., Abed s'est fait passer pour un livreur Chronopost, après avoir fait preuve de malice auprès d'une journaliste pour avoir mon numéro de téléphone. Vous trouverez la vidéo sur mon site, elle est incroyable.

Bref, retour à 2 heures du matin. Mais il en faut davantage. Les amoureux me disent qu'ils ont besoin d'aide pour leur levée de fonds. Qu'ils ne savent pas comment on fait un deck. Je leur explique comment procéder, leur montre des exemples, travaille la plateforme de marque avec eux, change le design, trois heures plus tard, le deck est génial. Avec quelques introductions auprès de mes amis business angels, ils ont réussi leur levée de fonds en une semaine. Les biscuits Pap & Pille sont distribués dans tous les Monoprix et Franprix. Énorme succès. Un an avant, personne n'aurait parié 1 euro dessus. Une vraie belle histoire. Une preuve par l'exemple

Dans le cas de Pap & Pille, l'issue est heureuse. Mais combien d'autres projets ont échoué car personne n'a voulu les soutenir ? Bien trop.

La lutte des classes ne fait que commencer

Pour s'extraire de sa condition initiale, il faut donc croire en soi. Parce que la lutte des classes ne fait que commencer. Et vous l'avez compris, moi, je veux faire la révolution. C'est ma promesse.

Je relis souvent *1984* de George Orwell : dans ce livre, comme dans la vraie vie, les prolétaires sont là pour travailler sans poser de questions. L'objectif est de leur retirer toute envie et, surtout, toute occasion de réfléchir.

Il y a trois classes sociales : la classe supérieure (les élites), la classe moyenne et la classe inférieure (les prolétaires). La classe moyenne finit toujours par se segmenter pour renouveler la classe supérieure. Mais ceux qui ne changent jamais de statuts, ce sont les prolétaires. Les pauvres restent toujours pauvres. L'histoire le confirme de manière brutale.

Pourquoi la révolution ne marche pas ? Parce que quand la classe moyenne bascule du côté des supérieurs, elle découvre des privilèges, qu'elle ne veut pas partager. Bizarrement, les passe-droits ne les gênent plus. L'injustice non plus. L'idéal égalitaire est très vite remplacé par l'intérêt personnel. Les gens qui ont gagné de l'argent et gagné du pouvoir n'ont pas du tout envie de le rendre. En général, ça ne leur effleure jamais l'esprit.

C'est d'ailleurs le problème des politiciens : ils vous parlent liberté, égalité, fraternité, ils défendent la démocratie et la méritocratie, mais une fois qu'ils ont conquis le pouvoir… ils sont invités partout, s'occupent d'étoffer leurs réseaux et leur carnet d'adresses. De droite à gauche et de gauche à droite, la même règle est en marche. C'est aberrant, et ça m'étonne toujours.

Il m'arrive de me retrouver à des dîners avec des politiques. Plus ils ont de la notoriété, plus ils se régalent de plats hors de prix, tout en vous expliquant l'importance de la redistribution. Je n'en ai jamais vu un seul payer l'addition, ni même faire semblant de vouloir le faire. C'est un automatisme pour eux de se faire inviter.

Vous comprenez mieux maintenant mon attachement à la méritocratie. Non seulement l'ascenseur social devrait être réparé, mais, comme tous les ascenseurs, il devrait marcher dans les deux sens. Pouvoir monter, mais aussi descendre : une personne bien née ne devrait pas se satisfaire des gains générés par le patrimoine familial, transmis de génération en génération. Tout travail mérite salaire… et tout salaire mérite travail.

Je l'ai déjà dit, je suis apolitique. Je vote blanc. Mais taxer la rente me paraît pertinent. Sinon, c'est trop simple. Une génération gagne beaucoup d'argent, place bien sa fortune et les descendants n'auront jamais besoin de travailler. Ils vivront sur les acquis. C'est comme si, après avoir gagné au Monopoly, vous gardiez l'intégralité de vos maisons et hôtels pour la prochaine partie. Impossible pour les autres de gagner par la suite. La rente est un énorme facteur d'inégalités : les immeubles prennent de la valeur sans que les propriétaires ne lèvent le petit doigt. Spéculation. Inflation. Les loyers qu'ils encaissent continuent de monter. Mathématiquement, les locataires, eux, sont de plus en plus pauvres parce que les loyers augmentent… mais pas leur salaire… et l'inflation arrange les propriétaires en abaissant le coût des crédits. Pendant que les pauvres se précarisent, les privilégiés empruntent à moindres frais pour s'offrir de nouveaux immeubles ! Avec de l'argent factice qui n'existe pas. La magie de la planche à billets de la BCE (Banque centrale européenne). Cela vous paraît sensé ?

Oui à la méritocratie

Il y a des exceptions bien sûr, mais le propre d'une exception, c'est de confirmer la règle. Lewis Hamilton, par exemple, n'était pas destiné à devenir septuple champion du monde de formule 1. Famille plutôt modeste, enfance difficile dans la banlieue de Londres. Il le raconte lui-même dans le magazine *Times* : ils étaient « la sale famille de Noirs, avec l'équipement dégueulasse et avec la remorque moisie ». Sept fois champion du monde. Alors qu'il aurait dû faire du foot comme tous les gosses des quartiers qui rêvent de devenir Mbappé. Une chance sur dix millions. Le foot est fondé sur la méritocratie, c'est vrai : ceux qui réussissent ont travaillé dur pour y arriver. Mais c'est aussi un faux espoir envoyé aux jeunes. Une manière de les endormir. Réussir dans le business, c'est plus accessible.

Dans *La Crise de l'abondance*, François-Xavier Oliveau nous explique comment et pourquoi les inégalités sont de plus en plus fortes. Le racisme, l'homophobie et toutes sortes d'intolérances ont beaucoup diminué ces dernières années, mais les inégalités sociales continuent de se propager : inégalité des chances, inégalité du patrimoine, c'est à se demander s'il y a une solution. Oui ! La méritocratie : privilèges et pouvoirs sont obtenus par le mérite. Les diplômes ont de la valeur, mais aussi l'expérience, les qualités personnelles, les valeurs. Vous vous rappelez la promesse et la mission : vos marque, empreinte, signature. Elles sont la base du mérite personnel et permettent à chacun de trouver sa place dans la société… Mais il ne s'agirait pas que des bourgeois renversent les néo-aristos et que les pauvres deviennent encore plus pauvres… ou ne récoltent que des miettes de la méritocratie. Il ne s'agit pas non plus de refabriquer un clivage pour continuer à ne prêter qu'aux riches *méritants*. D'autant que l'argent est un concept extraordinaire. En grande majorité, il n'existe pas. Une fiction. Une invention. L'argent, ce sont des chiffres générés par des banques, des opérations comptables sans papier réel. L'argent ne veut plus rien dire, il est trop abstrait, en tout cas dans sa valeur, qui est très théorique : jamais vous ne verrez un million en liquide. Comparer le temps de travail et la pénibilité a plus de sens que comparer le solde de nos comptes en banque. La pénibilité, c'est l'énergie qu'il a fallu déployer pour faire entrer de l'argent. Une voiture à 10 000 euros coûte une minute à un ultra-riche, et plus d'un an de travail à un smicard. Un an, c'est cinq cent vingt-cinq mille six cents minutes. Vous imaginez le grand écart ? Et pourtant, nous vivons tous sur la même planète. Pour se payer sa voiture, le smicard va devoir prendre un crédit à la consommation. Pas sûr qu'il l'obtienne sans caution. J'ai parfaitement conscience d'avoir les moyens d'acheter une voiture, une grosse voiture, sans me serrer la ceinture. Pourtant, je ne l'achète pas. Même une Ferrari, je n'en veux pas. Futile, perte de temps. Je prends le métro, le scooter ou un taxi.

Je suis toujours accablé de voir des gars trimballer des poubelles, livrer les supermarchés, déménager… Des métiers physiques qui hypothèquent des années de vie. Se tuer au travail, ce n'est pas juste une expression.

Alors, je pense souvent à la « monnaie hélicoptère ». Un joli mot pour une belle idée de Milton Friedman, le prix Nobel d'économie 1976. Le principe est de créer ponctuellement de la monnaie pour la distribuer. C'est un système beaucoup plus juste : inutile de se soucier des taux d'intérêt, on régule en fonction de l'inflation et des besoins. L'inflation monte ? On distribue aléatoirement des centaines de millions de monnaie hélicoptère aux citoyens. Ce serait le rôle de la Banque centrale européenne. Résultat, le pouvoir d'achat augmente de manière égalitaire : tout le monde bénéficie de cet argent frais. Les gens vont pouvoir acheter plus, économiser plus, c'est un cercle vertueux qui crée une égalité dans la distribution des richesses. Cette idée n'a pas été prise au sérieux. Partager de l'argent avec n'importe qui et au hasard ? Une hérésie… C'est pourtant la solution la plus intelligente pour utiliser l'argent comme un levier d'égalité.

Surtout garder l'espoir

Beaucoup de livres ont été écrits sur les inégalités. Parce que ça ressemble à une maladie incurable. Vous vous rappelez *Enfances de classe* de Bernard Lahire ? Je vous en disais un mot plus haut. Lisez-le, vraiment. À partir de six familles, de la plus pauvre à la plus riche, il fait une étude sociologique qui démontre que les premiers n'ont quasiment aucune chance de s'en sortir. *Quasiment.* Ça ne veut pas dire *totalement.* D'accord, il y a de quoi désespérer, mais il ne faut pas. *Enfances de classe* nous présente un père qui doit dormir dans sa voiture pour que son fils puisse être à l'école à l'heure le matin. De l'autre côté, une famille aisée : la fratrie est accompagnée à l'école par un chauffeur. Elle dispose de professeurs particuliers. Ça rappelle le fossé qui séparait Marie-Antoinette du peuple. Le lycée Louis-le-Grand du lycée Spartacus (qui n'existe pas). Le lycée Henri-IV du lycée Aimé-Césaire provincial. Pour autant, s'en sortir reste possible : j'y suis bien arrivé… Oui, je fais partie des exceptions. Presque une erreur statistique. Il faut faire en sorte de les multiplier. J'espère que ce livre inspirera quelques-uns d'entre vous. Vous ne serez peut-être que dix, mais à votre tour vous inspirerez dix personnes, et ainsi de suite, jusqu'à ce qu'on soit des millions. C'est ça, la révolution : une onde de choc.

Se prendre en main, c'est aussi se préparer à cette guerre contre l'esclavage moderne et pour l'égalité. Dans deux siècles, les smicards seront perçus comme des esclaves salariés. On ne comprendra pas comment des gens ont pu s'user à l'usine, s'empoisonner à l'amiante ou s'intoxiquer à la sciure. Ça paraîtra aussi bizarre que l'Ancien Régime, les milliers de mètres carrés du château de Versailles face aux milliers d'hectares de boue laissés au peuple.

Récapitulons. Créer de l'émotion. Ne pas s'apitoyer sur son sort. Ne pas se formaliser des inégalités. Quand un fils à papa vous donne des leçons d'existence, rester calme et lui sourire. Cette personne est une blague. Vous, un diamant brut. Ne pas se perdre en débats inutiles, juste propices à l'énervement, et au risque de passer pour une bête, un sauvage. Être patient. Tirer parti des occasions qui se présentent. Accepter l'échec. Combattre la rage : elle est destructrice. Au contraire, la canaliser, l'utiliser comme un moteur, et non une force incontrôlée qui démolit tout autour de vous. Vous valez mieux que ça. Garder foi en soi. Vous trouverez votre voie. Vous tombez ? Relevez-vous.

– 8 –

Vous avez réussi… renvoyez l'ascenseur

La vraie revanche, c'est de s'émanciper et d'aider les autres à s'extraire de la vie qu'on leur impose.

Réussir, quelques secrets

« Il y a des moments où tout réussit. Il ne faut pas s'effrayer, ça passe » – Jules Renard.

Pas facile, la réussite, et pourtant, vous y voici. Vous l'avez rattrapée alors que vous couriez sur un long chemin jalonné d'échecs. Maintenant, tout a l'air de fonctionner. Méfiance, ou plutôt un conseil : ne jamais oublier les années compliquées qui ont précédé. S'en souvenir aide à garder la tête froide et les pieds sur terre. L'humour aussi… L'autodérision surtout. Se moquer de soi-même parfois, ça fait du bien. Aussi pour réussir, il faut se répéter comme un mantra : « passion », « patience », « travail », « ambition », « curiosité », « obsession », « sacrifice », « résilience »... mais aussi « reconnaissance », et « solidarité ». À défaut de renvoyer l'ascenseur, votre réussite n'aura pas beaucoup de sens.

Mettons que vous soyez devenu riche. Pour cela, vous avez maîtrisé trois éléments.

Un, générer de la valeur, gagner de l'argent.

Deux, économiser l'argent que vous avez généré. Beaucoup sont capables de gagner de l'argent, mais ils le dépensent immédiatement. Leur train de vie augmente en même temps que leurs revenus. Pour avoir 10 000 euros de plus que l'année précédente, la majorité des gens pense qu'il faut gagner 10 000 euros supplémentaires. Mais vous pouvez aussi réussir cet objectif en dépensant 10 000 euros de moins que l'année dernière ! Moins de vacances, moins de vêtements, moins d'iPhone, moins de voitures, moins de restaurants...

Trois, investir l'argent que vous avez généré et économisé. Maintenant, il s'agit de le faire fructifier. Parce qu'il se dévalue avec l'inflation. Il faut le sortir de votre livret A obsolète et le placer intelligemment. Même les riches qui ont de très hauts revenus gagnent souvent plus d'argent avec leurs investissements. Exemple : Kobe Bryant (RIP), joueur pro de NBA, a gagné 300 millions de dollars de salaire dans l'intégralité de sa carrière. Il a bien placé son argent, et a récupéré plus de 700 millions avec ses investissements.

Ces trois points sont donc complémentaires, et pour les maîtriser, il faut augmenter sa capacité de travail et être capable de supporter la pression. Un pur ambitieux n'est pas facile à vivre : sa passion passe avant tout le reste, le dévore et épuise son entourage.

Vous voici donc un leader, car vous avez su oser, ouvrir les champs des possibles, créer l'impulsion qui fera mouvoir les autres. Le leader, c'est l'innovateur. Celui qui, dans le modèle d'Everett, est suivi par les premiers adeptes, puis la majorité précoce, la tardive… Être leader, c'est aussi s'entourer de gens qui, parfois, vous trahiront, mais ce n'est pas grave. Rien ne doit vous arrêter.

La réussite, peu importe le domaine, demande un engagement maximal. C'est un peu un sacerdoce. Vous entrez dans les ordres… Votre rêve devient votre religion, qui s'accompagne de certains sacrifices, inévitablement. Il n'est pas rare que je travaille jusqu'à 2 ou 3 heures du matin. Pas de sorties, peu de soirées, on l'a vu. Ces sacrifices me coûtent peu parce que je les ai choisis et qu'ils me permettent d'assouvir ma passion. Je préfère passer ma nuit à lire des livres, ou analyser mes futurs investissements, plutôt que d'aller boire des verres. Égoïste ? En un sens. Et je vous recommande de l'être, car pour être efficace il faut se concentrer sur soi. Votre projet est votre œuvre : vous êtes en train de vous fabriquer un destin.

On a parlé de mon mode de vie quasi ascétique, en vase clos, que l'on pourrait presque qualifier d'hibernation… L'énergie s'accumule, comme en vue d'un championnat. Je n'ai pas oublié que la vie est une compétition, et moi comme vous, un gladiateur.

Quand je défends un projet, je joue ma vie. En public, j'expose une tout autre facette de ma personnalité. Je suis en représentation, je porte mon habit de startupeur. Ce personnage, celui que vous aussi vous allez créer, est authentique, mais il doit être subtilement excessif. Un peu comme les artistes qui doivent passer au maquillage avant de s'exposer aux lumières de la scène. C'est aussi lié à la puissance que vous allez dégager. Les gens se diront « Il est totalement génial ! »... ou bien : « Il est complètement fou ! » Cette frénésie, ce génie... c'est votre marque, empreinte, signature. Le secret de votre réussite.

Renvoyer l'ascenseur

« Accumule, puis distribue. Sois la partie du miroir de l'univers la plus dense, la plus utile et la moins apparente », disait René Char.

La réussite ne vous oblige à rien, en théorie, mais rien non plus ne vous interdit d'être juste. La justice, ça me tient à cœur. Pour cette raison, aider les jeunes défavorisés était la suite logique de mon histoire. Pour que tous ceux qui sont dans la difficulté puissent ne pas renoncer à leurs rêves, j'ai créé Feed. back. Un programme solidaire qui donne une chance à ceux qui n'en ont jamais eu.

Jamais je n'aurais imaginé faire du caritatif quand j'étais jeune. Lorsque j'étais dans la précarité la plus totale, ma colère m'inspirait plutôt des idées de vengeance. Personne ne m'ayant rien donné, je me projetais égoïste et non altruiste. Mon esprit était empoisonné par des idées de destruction. J'étais du côté obscur de la force… Je voulais me venger. Mais en réalité, la vraie revanche, c'est de s'émanciper et d'aider les autres à s'extraire de la vie qu'on leur impose. Chaque personne sauvée, inspirée, motivée est une réussite qui donne du sens à mon existence.

J'ai compris que la bienveillance profite à celui qui la reçoit, mais aussi à celui qui l'offre. En partageant ce que vous avez, vous gagnez autant que celui à qui vous donnez. Cela peut prendre plusieurs formes : fondation, association, simple engagement. Ce sont des moyens financiers, du temps donné, des idées partagées, ou autre chose encore, si cela vous ressemble.

Admettons que votre passion soit l'écologie. C'est votre domaine, votre verticale, vous en avez fait un projet qui marche, créé une marque ressemblant à votre image, et un jour vous gagnez beaucoup d'argent. Il est temps de renvoyer l'ascenseur. Vous le ferez peut-être en plantant des arbres. Vous vous rappellerez les bouts de plastique que vous ramassiez enfant sur la plage. Cette action vous remettra les pieds sur terre.

Si vous êtes rescapé d'un naufrage de migrants en Méditerranée, vous aurez en tête d'aider d'autres exilés. Si vous avez connu la pauvreté, vous aiderez ceux qui y sont encore. La plupart du temps, notre engagement reste lié à notre histoire. On apporte aux autres ce qui nous a manqué. C'est toujours ce jeu de miroirs, où l'on se revoit en eux et eux se projettent en nous. Leçon d'humilité. Question de responsabilité. Nous avons une obligation morale, sociale, alors il ne s'agit pas de faire n'importe quoi, mais de choisir réellement un domaine qui nous plaît, nous parle, où nous avons une certaine crédibilité. Pourquoi s'engager pour la sauvegarde des ours polaires si ce domaine ne nous intéresse pas ? D'autres le feront mieux que nous.

De mon côté, c'est aider les jeunes défavorisés qui me passionne. Ça me tient à cœur parce que je l'étais. Je m'en suis sorti, je me suis réparé, ou plutôt j'ai appris à vivre avec mes blessures et mon démon intérieur. Clairement, mon désir de sortir les autres de l'impasse résonne avec ma propre guérison. En aidant les autres, c'est aussi moi que je cicatrise.

Chaque fois que je rencontre des personnes en détresse, des personnes que je vais accompagner dans leur projet, je les écoute derrière mon bureau. Et je me dis : « Ah oui, moi c'était pareil, je me souviens. » Je revis l'extraction de mon milieu, de mon destin initial. Quand j'investis dans des projets de start-up, je revis aussi mes premiers moments. Revanche : *vous voyez, moi, je les aide alors que vous, vous n'êtes pas venus m'aider.* Voilà pourquoi j'aime écouter ces mésaventures. Je me dis aussi *Ah oui, quand même... Tu n'as vraiment pas à te plaindre.* Quand on gagne beaucoup d'argent, on a tendance à se déconnecter de la réalité, même quand on vient d'en bas. On perd très facilement la raison. Le bon sens, le sens commun. Parce que tout le monde autour de nous est riche, très riche. Avec des problèmes de nantis. En fait, tous ceux qui me rappellent d'où je viens me sauvent de la vacuité.

Vous l'aurez compris, la bienveillance repose sur des motivations très personnelles. Pas de véritable fraternité sans un minimum d'amour-propre... Parce que tant que vous ne vous respectez pas vous-même, tant que vous n'avez pas foi en vous, vous ne pouvez ni aider, ni faire confiance aux autres.

Le renvoi d'ascenseur permet aussi de faire comprendre que votre marque n'est pas juste un produit mercantile, mais un engagement sociétal. Feed. par exemple, c'est avant tout un esprit, un art de vivre et de penser. Ce ne sont pas uniquement des barres de nutrition, mais la promesse dont on a parlé : révolution et méritocratie. C'est une contribution à notre prospérité économique : Feed. a aidé au décollage de quarante start-up. Et avec Feed. back., je soutiens des projets associatifs où s'impliquent mes équipes. Mes collaborateurs réalisent, et c'est important aussi pour leur épanouissement personnel, qu'ils ne sont pas là seulement pour faire du chiffre. Le but ultime est de participer à une cause commune symbolique, qui nous dépasse et donne du sens à nos actions. Ils apprécient de ne pas se lever le matin uniquement pour vendre du Feed., mais également pour changer des destins.

Feed. back. est aux prises avec le monde réel. Mes engagements solidaires me préserveront de la tour d'ivoire où sont enfermés les plus fortunés. Je ne peux pas me séparer du peuple : j'en viens, et c'est à lui que s'adressent mes produits, mon projet. Je me dois de le respecter.

Renvoyer l'ascenseur m'a permis et vous permettra en outre de créer une image forte, et de faire comprendre au public que la marque créée est générationnelle et fait sens. Votre implication est noble tout simplement parce qu'elle est vraie. Les gens vont se sentir plus proches de vous, s'identifier, vous soutenir dans l'aventure. Non seulement ils vont acheter votre produit, ou adhérer à votre projet, mais vous les convertirez à votre cause. Que ce soient des barres, de la tech, de la musique ou de la blockchain, ils vous suivront. Parce qu'ils vous font confiance. Parce que vous êtes loyal avec eux. Soyez comme Maximus et levez une armée. Changez le système avec l'aide du peuple.

Épilogue

Et maintenant, changeons le monde

Pourquoi pas. Construire un monde meilleur, permettre aux « gens d'en bas », à ceux qui n'ont rien, au peuple, dont je viens, de prendre le pouvoir. J'ai confiance en la détermination, en la résilience, en la volonté vitale de faire bouger les lignes. Pour y arriver, nous devons être nombreux à faire mentir cet échec programmé. Nombreux à nous extraire de notre condition sociale originelle. Nombreux à générer de l'argent, l'économiser, l'investir intelligemment, et ensuite peser sur le sort du pays. Il y aura du sang et des larmes. Beaucoup plus d'échecs que de succès. Des petites joies et des déceptions infinies. Nous ne ferons pas tous fortune et il n'est pas nécessaire de réussir matériellement pour accomplir ce rêve de révolution. Il nous faut aussi des penseurs, des artistes, des rêveurs… Nous aurons besoin de cette énergie collective pour nous émanciper du système – de cette matrice perverse en circuit fermé – dans laquelle nous sommes emprisonnés.

Matrix, œuvre des Wachowski, a toujours nourri mes réflexions. Les élites et classes supérieures ne paraissent pas forcément oppressives pour tous ceux qui sont moins bien lotis. L'illusion du libre arbitre contente ceux qui ne veulent pas voir la réalité en face. Il suffit de « contenir » une partie de la population pour pouvoir asservir l'autre, sans craindre de mobilisation trop massive. Ainsi, une poignée d'individus peut mettre à genoux des milliards de personnes. Pire, leurs rêves. Cette « bourgeoisie » est incarnée, dans *Matrix*, par le Mérovingien (Lambert Wilson), qui utilise sa condition pour justifier un déterminisme social, auquel personne ne devrait s'opposer. Il prodigue l'espoir et la peur. L'espoir d'avoir mieux et la peur de perdre ce que l'on a.

Voilà où nous en sommes : dans une bulle artificielle. On se croit vivant dans un monde réel alors que nous sommes des enveloppes corporelles asservies par une illusion. Notre monde est faux. Pas facile de s'en libérer.

Nombreux sont ceux qui préfèrent rester dans une existence factice, mais réconfortante, plutôt que d'affronter le réel. Et de se confronter à une certaine médiocrité. Ma maison n'est pas terrible, mais j'ai un toit au-dessus de la tête. Je vivote avec mon RSA. Pourquoi ferais-je la révolution ? Pourquoi sortir de la matrice ? Pour que les esclaves se soulèvent, il leur faut des preuves par l'exemple. Ma réussite en est une. La vôtre aussi l'est, ou le sera bientôt. Nos réussites redonneront la foi à ceux d'en bas.

Je nous crois à un tournant de l'histoire de l'humanité. À deux doigts de la révolution des esprits et des systèmes politiques.

Comme dans *Matrix*, une anomalie peut mener à une insurrection. Si j'ai réussi à monter aussi haut en me faufilant au milieu des nantis, vous pouvez le faire aussi. Ils ne seront plus jamais tranquilles. Partout où ils iront, nous serons là. Quand ils penseront nous avoir vaincus, nous frapperons. Quand ils voudront nous dominer, nous nous rebellerons. De l'intérieur, nous ferons imploser le système.

Soyons prêts. Déterminés. Convaincus. Résilients.

La soumission doit cesser. Le soulèvement commence.

Pour aller plus loin et suivre l'aventure, retrouvez-moi sur les réseaux sociaux (Instagram, Linkedin…) et sur www.anthonybourbon.com

Remerciements

Merci à la team Feed. qui m'accompagne au quotidien.

Merci à David-Hervé Boutin pour son accompagnement et sa confiance.

Merci à Arthur pour sa préface.

Glossaire

Abonder : contribuer au financement.

Blockchain : développée à partir de 2008, la blockchain est une technologie de stockage et de transmission d'informations, décentralisée, transparente et sécurisée. La blockchain fonctionne sans organe central de contrôle et permet à ses utilisateurs de partager des données sans intermédiaire.

Business angel : personne physique qui investit son propre argent.

Cryptomonnaie : monnaie numérique ou virtuelle utilisée sur Internet, indépendante des réseaux bancaires et qui se sert de la cryptographie pour sécuriser les transactions.

Data : données.

Deck : document de support pour présenter sa start-up à des investisseurs.

Inbox Zero : quand on n'a plus aucun mail à traiter.

Limited partners : gros investisseurs (industriels, familles fortunées...) qui donnent de l'argent à des fonds d'investissement. En somme, des investisseurs d'investisseurs.

Marketplace : plateforme de connexion entre plusieurs acheteurs et plusieurs vendeurs.

Métaverse : monde virtuel.

OKR (Objectives and Key Results) : objectifs et résultats clés.

Play-to-earn : jeux vidéo où l'on joue pour gagner de l'argent (en cryptomonnaies). (exemple : Mechachain, Axie Infinity).

Smart food : un repas complet qui apporte à l'organisme tout ce dont il a besoin. Une alternative quand on n'a pas le temps de cuisiner. Accessible et pratique, c'est l'avenir de l'alimentation.

Storytelling : l'art de raconter une histoire.

Venture capitalist : fonds d'investissement.

Table des matières

pca
cmb
édition pré-presse
livres numériques

44400 Rezé

IMPRIM'VERT®

PEFC 10-31-1510

Imprimé en France
par Corlet Imprimeur
14110 Condé-en-Normandie
N° d'imprimeur : 22030550
Dépôt légal : mars 2022
ISBN : 978-2-7499-4954-3
LAF : 3224